Freie Presse
Reiseführer Vogtland

VOGTLAND

Lutz Hergert

Chemnitzer Verlag

Redaktion / Konzept:
Lutz Hergert

Texte:
Peter Degenkolb (nd), Ronny Hager (hagr), Thorald Meisel (tm),
Lutz Hergert (lh)

Fotos:
Archiv 33, 35, 74, 77, 92, 98, 101; Jörg Böhm 42, 118; Ulf Dahl 28, 32, 56/57;
Lutz Hergert 6, 8, 9, 10, 20, 38, 39, 49, 51, 52, 59, 64, 65, 69, 78, 82, 83, 84, 87,
89, 90, 95, 96, 113, 114, 116, 121, 123;
Hendrik Jattke 36; Silke Keller-Thoß 66, 71;
Ellen Liebner Umschlag unten, 50; Uwe Meinhold Umschlag oben;
Rico Reuter 23, 26, 103; Wolfgang Schmidt 31; Andreas Seidel 70;
Wolfgang Thieme Rückseite; Joachim Thoß 125; Silke Weidlich 99;
Andreas Wetzel Umschlag Mitte, 19, 24, 30, 37, 44, 45, 46, 47, 55, 58, 60, 61,
62, 105, 106, 109, 110, 111, 119

Karten:
Ariane Bühner-Stroh, Tilo Steiner

Umschlagfotos:
oben: Die Göltzschtalbrücke ist die größte Ziegelsteinbrücke der Welt.
Mitte: Auf Wandertour bei Schöneck.
unten: Die Talsperre Pöhl, das „vogtländische Meer".
Rückseite: Musikinstrumentenbauer in Klingenthal

Redaktionsschluss: August 2007
Alle Daten wurden sorgfältig recherchiert.
Für Vollständigkeit und Richtigkeit
kann dennoch keine Gewähr übernommen werden.

© Chemnitzer Verlag
1. Auflage, September 2007
Umschlaggestaltung/Satz:
Rico Reuter/Chemnitzer Verlag und Druck GmbH & Co. KG
Gesamtherstellung: Westermann Druck Zwickau GmbH

www.chemnitzer-verlag.de

ISBN 978-3-937025-35-3

Inhalt

Herzlich willkommen im Vogtland!

Schön, dass Sie sich auf den Weg begeben haben, diesen malerischen Landstrich im Vierländereck von Thüringen, Bayern, Tschechien und Sachsen zu besuchen. Das „V" für das Vogtland steht nicht nur für den Namen des Landkreises auf den Autokennzeichen, sondern auch für die außerordentliche Vielseitigkeit der Region. Seit dem 12. Jahrhundert – damals haben die Vögte dem Land seinen Namen gegeben – hat sich eine Vielfalt entwickelt, die unter deutschen Mittelgebirgslandschaften nur schwer ihresgleichen finden dürfte.

Den Ruf des Vogtlands tragen zuerst die Menschen in die Welt hinaus. Die Volksmusikstars Stefanie Hertel und ihr Vater Eberhard zählen heute genauso zu den Botschaftern wie die ersten beiden Deutschen im Weltall: Sigmund Jähn und Ulf Merbold. Botschafter sind aber auch die einzelnen vogtländischen Gebiete mit ihren Besonderheiten. So lebt im waldreichen Musikwinkel seit Gründung einer heute noch bestehenden Geigenmacherinnung im Jahr 1677 die Tradition des Musikinstrumentenbaus. Die Herstellung fast

Die sanften Hügel des oberen Vogtlandes.

aller Arten von Orchesterinstrumenten hat bis in die Gegenwart in weit über 100 Firmen eine einmalige Vielfalt erreicht.

Auch das Textilgewerbe stellt einen Mosaikstein der Vielfalt dar. Darin haben die Menschen mehr als nur einen Broterwerb gefunden – sie entwickelten die Plauener Spitze seit dem Ende des 19. Jahrhunderts zu einem Markenprodukt, das bis heute Weltruf genießt. Und auch wenn seit den politischen Veränderungen im Herbst 1989 das Summen der Webstühle und Stickmaschinen leiser geworden ist – die Vogtländer haben sich nicht unterkriegen lassen und Firmen aus aller Welt in ihre Heimat gelockt.

Zur Vielseitigkeit zählt die reiche Kulturlandschaft mit den Einschnitten der Weißen Elster und Göltzsch im Norden und den bis zu knapp 1000 Meter hohen Bergen im Süden. Geprägt haben diese Region auch die riesigen Brücken, die teilweise wild-romantische Täler überspannen. Ein Beispiel ist die Göltzschtalbrücke, die größte Ziegelsteinbrücke der Welt.

Das Wintersportherz der Region schlägt in einer Höhenlage ab 750 Metern in Klingenthal und Schöneck. Wintersportler aus dem Vogtland haben bei Olympiaden und Weltmeisterschaften schon mehr als 30 Medaillen gesammelt. Diese erfolgreiche Geschichte wird mit Hilfe der 2006 fertig gestellten Skischanze in der Vogtland-Arena bei Klingenthal und seitdem bei hochkarätigen Weltcupveranstaltungen im Skispringen und in der Nordischen Kombination sommers wie winters fortgeschrieben.

Befreit die Sonne die Natur in den Höhenlagen oft erst Anfang April vom Schnee, sind ausgedehnte Wanderungen möglich. Zahlreiche Wege in hervorragender Qualität regen – genauso wie im Winter entsprechend gespurte Loipen – zur aktiven Erholung an. Eine Reihe ausgezeichneter Pensionen und Hotels laden zum Übernachten ein und die vielseitige vogtländische Küche sorgt dafür, dass niemand hungrig zu Bett gehen muss.

Ein besonderer Farbpunkt auf der bunten Palette des Vogtlands sind die Staatsbäder Bad Elster und Bad Brambach mit einer Vielzahl bemerkenswerter Gebäude, die vom einstigen Glanz des Königreiches Sachsen künden – und natürlich einem attraktiven Angebot von Kuren sowohl im Wellnessbereich als auch in der medizinischen Behandlung.

Auch unter der Erde ist die Region sehenswert: Drei Schaubergwerke und die einzige natürlich entstandene Tropfsteinhöhle Sachsens laden zu Besuchen ein. Dass es sich im Vogtland im wahrsten Sinne des Wortes um eine Kulturlandschaft handelt, belegen die philharmonischen

Vogtländische Landschaft bei Markneukirchen.

Orchester in Bad Elster und Bad Brambach, Reichenbach sowie Plauen. Dieses Angebot wird durch die Theater in Bad Elster und Plauen, letzteres Haus mit einem festen Ensemble, abgerundet. Dazu gehört auch eine lebendige Museumslandschaft. Nicht nur, dass es das gleichermaßen einmalige wie auch einzigartige Spitzenmuseum gibt. An Ausstellungen wie im Musikinstrumenten-Museum in Markneukirchen kommt heute kein Forscher mehr vorbei.

Und bei all dem zeigen die Vogtländer gern, dass sie mehr sind als das oft als etwas zänkisch und eigenwillig beschriebene Bergvolk am Rande Sachsens: Sie sind freundliche Gastgeber im Herzen Europas.

Unser Büchlein – der erste Reiseführer, der versucht, das Vogtland in seiner Vielfalt darzustellen – erhebt aber keineswegs einen Anspruch auf Vollständigkeit. Dennoch glauben wir, dass unter der Mithilfe zahlreicher Menschen ein informativer und unterhaltsamer Band entstanden ist, der Ihnen den Landstrich von seiner besten Seite vorstellt. Allerdings kann Ihnen dieser Reiseführer nur Anregungen geben. „Ihr" Vogtland sollten Sie selbst entdecken!

Viel Spaß dabei und herzlich willkommen!

Eine Region
in Zahlen und Fakten

Bevölkerungszahlen

Vogtlandkreis: 188.019
kreisfreie Stadt Plauen: 68.285
(Stand 31. März 2007)

Geografisches

Die höchste Erhebung des Vogtlands ist der Schneehübel bei Morgenröthe-Rautenkranz mit 974 Metern.

Anreise

Mit dem Auto
Anfahrt aus dem Süden (Tschechien, München, Frankfurt am Main): A 9 Richtung Norden, am Dreieck Bayerisches Vogtland auf die A 72 Richtung Dresden; A 93 Richtung Norden, am Dreieck Hochfranken auf die A 72 Richtung Dresden.
Anfahrt aus dem Norden (Berlin, Leipzig): über Hermsdorfer Kreuz die A 9 bis Abfahrt Schleiz-Süd, dann über B 282 in Richtung Plauen.
Anfahrt aus dem Osten (Dresden, Chemnitz): A 4 und ab dem Dreieck Chemnitz die A 72.

Mit dem Flugzeug
Verkehrslandeplatz Auerbach
📞 0 37 44/21 42 82
www.flugplatz-auerbach.de

Außerdem gibt es Flugplätze in Hof (35 km), Nürnberg (170 km), Leipzig (150 km), Dresden (140 km) und Altenburg (80 km). Die Entfernungen gehen von Plauen als Zielort aus.

Mit Bus und Bahn
Wer beim Erkunden des Vogtlands auf das Auto verzichten möchte, kann dazu auf ein gut ausgebautes Nahverkehrsnetz mit Bussen, Zügen und der Straßenbahn in Plauen zurückgreifen. Der Clou ist das Egronet. Mit nur einem Fahrschein – dem Egronet-Ticket – können Passagiere das Vierländereck Sachsen, Thüringen, Böhmen und Bayern in alle Richtungen 24 Stunden lang durchqueren. Wer in Plauen in den Zug steigt, kann damit beispielsweise über Tschechien nach Bayern fahren. An dem Verkehrsverbund sind derzeit 57 Verkehrsunternehmen beteiligt. Es gibt insgesamt 649 Verkehrslinien und etwa 6000 Haltestel-

len. Ein Tagesticket kostet 14 Euro. Zwei Fahrscheine sind für den doppelten Preis zu haben und gelten für weitere vier Kinder bis zum Alter von 14 Jahren. (Übersichtskarte auf S. 14) www.egronet.de

Grenzübergänge

An neun Übergängen können die Vogtländer und ihre Gäste die Grenze nach Tschechien überqueren. Damit wird nicht nur die Strecke einer Wanderung, Rad- oder Skitour verlängert: Urlauber können sich damit auch die Sehenswürdigkeiten jenseits der Grenze erschließen. Die meisten Übergänge waren bis Ende des Zweiten Weltkrieges Waldwege. Heute treffen die Wanderer auf einen Schlagbaum, hinter dem allerdings niemand mehr sitzt. Auf jeden Fall muss man dabei einen Pass oder den Personalausweis einstecken haben.

Fußgänger:
Bad Brambach – Horní Paseky (Oberreuth)
Bad Brambach – Plesná (Fleißen)
Bad Elster – Hranice (Roßbach)
Bad Elster – Doubrava (Grün)
Bärendorf – Pramen Halštrov (Elsterquelle)
Ebmath – Hranice (Roßbach)
Eubabrunn – Vysoký Kamen (Hoher Stein), zu Sonderöffnungszeiten
Klingenthal – Bublava (Schwaderbach)
Wernitzgrün – Luby (Schönbach)

PKW:
Klingenthal – Kraslice (Graslitz)
Schönberg – Vojtanov (Voitersreuth)

Eisenbahn:
Bad Brambach – Vojtanov (Voitersreuth)
Klingenthal – Kraslice (Graslitz)

Klimadaten

Die folgenden langjährigen Mittelwerte können für das Vogtland in einer Höhe von 400 bis 600 Metern angenommen werden. Durch Rekord-Minustemperaturen, die im Winter schon mal an die minus 30 Grad Celsius heranreichen, wurde der Ort Morgenröthe-Rautenkranz deutschlandweit über das Fernsehen bekannt.

Monat	Temp. °C	Niederschlag l/m²	Sonnenstunden
Jan.	−3,0	60	45
Feb.	−1,4	53	72
März	3,1	56	105
April	5,5	59	148
Mai	10,0	70	196
Juni	14,4	79	198
Juli	15,6	74	208
Aug.	14,2	78	195
Sept.	10,7	55	157
Okt.	7,7	50	121
Nov.	2,0	56	52
Dez.	1,5	68	38

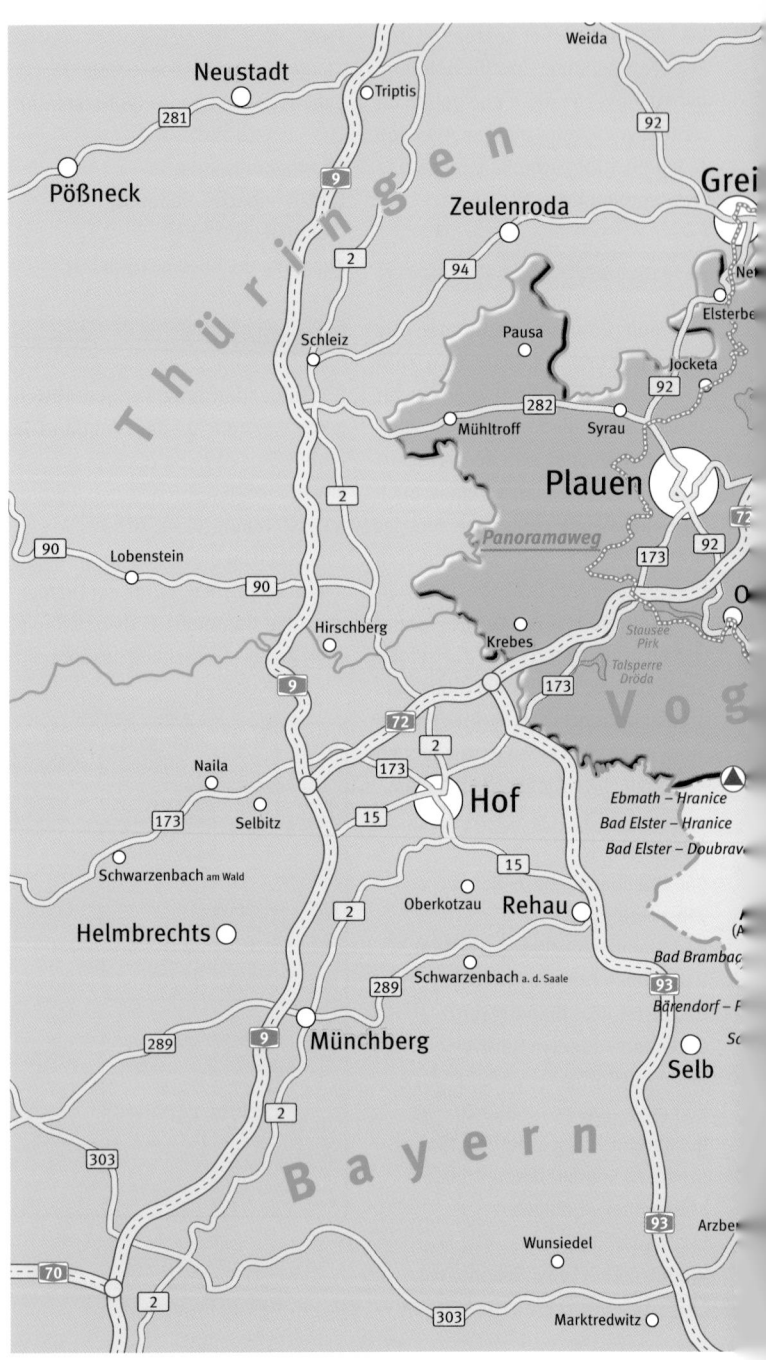

Weida

Neustadt
Triptis
281
Pößneck
9
Grei
Zeulenroda
2
Ne
94
Elsterbe
Schleiz
Pausa
Jocketa
282
92
Mühltroff
Syrau
Plauen
72
Panoramaweg
173
92
90
Lobenstein
90
173
Hirschberg
Krebes
Stausee
Pirk
Talsperre
Dröda
9
173
V o g
72
2
Naila
173
Ebmath – Hranice
15
Hof
Bad Elster – Hranice
173
Selbitz
Bad Elster – Doubrav
15
Schwarzenbach am Wald
15
Helmbrechts
Oberkotzau
Rehau
Bad Brambac
2
Schwarzenbach a. d. Saale
(A
289
93
Bärendorf – F
289
9
Münchberg
Sc
Selb
2
303
B a y e r n
93
Arzbe
70
2
Wunsiedel
303
Marktredwitz

175 · 93 · 173 · Lichtenstein
Lugau
Zwickau Oelsnitz
Werdau
180 Gelenau
Lichtentanne Stollberg Thalheim
72
173
Wilkau-Haßlau Hartenstein 169
eichenbach 93 Lößnitz Zwönitz
im Vogtland
au 72 Kirchberg Schneeberg
94 Aue
Lengenfeld 169
Rodewisch Schwarzen-
euen berg
101
Schönheide 283
Auerbach Eibenstock
9 Falkenstein
Talsperre Morgenröthe-
Falkenstein Tannenbergs- Rautenkranz
thal Johanngeorgenstadt
Hammerbrücke
Mulden- 283
berger
Stausee 25
Schöneck ▲ Klingenthal (Aschberg) – Bublava
Klingenthal
283 ▲ Klingenthal – Kraslice Nejdek
(Neudek)
Kraslice Ostrov
(Graslitz) (Schlackenwerth)
▲ Nová Role
Mark- Eubabrunn – Vysoký kámen (Neu Rohlau)
neukirchen 13
2 ▲ Wernitzgrün – Luby
Landwüst
Chodov
(Chodau)
Bad
Brambach ▲ Bad Brambach – Plesná **Karlovy Vary**
(Karlsbad)
▲
Sokolov 6
antiškovy Lázně (Falkenau)
(Franzensbad) Kynšperk n. O.
(Königsberg) ▲ Grenzübergang
Fußgänger
6
▲ Grenzübergang
Cheb Bahn/Pkw
(Eger) 21
299
Waldsassen **Mariánské Lázně**
(Marienbad)

S a c h s e n

l a n d

T s c h e c h i e n

Die Linien des Verkehrsverbundes Egronet im Vogtland.

Vogtländisch einkaufen

Typisch vogtländische Produkte wie Plauener Spitze und andere Textilien gibt es in vielen Geschäften der Region. Eine Auswahl günstiger Werksverkäufe:

Heimtextilien (Spitze)

Gerber Spitzen und Stickereien GmbH
✉ Rodewischer Str. 15
   08209 Rebesgrün
☎ 0 37 44/18 80 55
geöffnet täglich 8 – 15 Uhr
www.gerber-spitzen.de

W. Reuter & Sohn GmbH
✉ Auerbacher Str. 3 – 5
   08209 Reumtengrün
☎ 0 37 44/21 51 86
geöffnet Mo. – Fr. 8 – 16 Uhr und nach Vereinbarung
www.stickerei-reuter.de

Plauener Spitzen und Stickereien Handels GmbH
✉ Schenkendorfstr. 9
   08525 Plauen
☎ 0 37 41/5 70 30
geöffnet Mo. – Fr. 8 – 16 Uhr und nach Vereinbarung

Dietrich Wetzel Plauener Spitzen und Gardinen
✉ Reißiger Str. 12
   08525 Plauen
☎ 0 37 41/1 20 50
geöffnet Di. 9 – 17 Uhr und Mi. – Fr. 9 – 16 Uhr
www.dietrich-wetzel.de

Plauspitz – Plauener Spitzen und Stickereien GmbH
✉ Karlstr. 58
   08523 Plauen
☎ 0 37 41/22 70 12
geöffnet Mo. – Fr. 9 – 18 Uhr und Sa. 9 – 13 Uhr

Modespitze Plauen GmbH
✉ Annenstraße 9
   08523 Plauen
☎ 0 37 41/22 25 54
Mo. und Fr. 10 – 13 Uhr und 14 – 17 Uhr
www.modespitze.de

C. R. Wittmann Nachfolger Plauener Spitzen und Gardinen
✉ Reimersgrüner Str. 6
   08491 Brockau
☎ 0 37 65/3 94 90
geöffnet Mo. – Fr. 9 – 18 Uhr und jeden 1. Sa. im Monat 9 – 13 Uhr
www.stickerei-wittmann.de

Meinels Stick GmbH
✉ Muldenberger Str. 24
   08269 Hammerbrücke
☎ 03 74 65/61 79
geöffnet Mo. – Fr. 8.30 – 15.30 Uhr und nach Vereinbarung
www.meinels-stick.de

Produktions- und Handelsgenossenschaft mbH Stickperle
✉ Gewerbering 17
   08223 Falkenstein
☎ 0 37 45/7 44 20
www.stickperle.de

Vogtländische Heimtextilien GmbH

✉ Hauptstr. 30
   08606 Tirpersdorf
✆ 03 74 63/84 20
   und
✉ Rosa-Luxemburg-Str. 8
✆ 08606 Oelsnitz
   www.vhg.de

Luvo Impex GmbH

✉ Boxbachweg 6
   08606 Oelsnitz
✆ 03 74 21/70 40

Teppiche

Halbmond Teppichwerke GmbH

✉ Carl-Wilhelm-Koch-Straße 6
   08606 Oelsnitz
✆ 03 74 21/4 25 71
   geöffnet Mo. – Fr. 10 – 17 Uhr
   Sa. 9 – 12 Uhr
   www.halbmond.de

Bekleidung

Vogtlandmoden GmbH

✉ Verlängerte Goethestr. 4
   08209 Rebesgrün
✆ 0 37 44/21 23 41
   www.volana-blusen.de

Moritz Hendel & Söhne GmbH

(Dessous)
✉ Schillerstr. 8
   08606 Oelsnitz
✆ 03 74 21/59 90

Silke Manon Wiesnet (Naturfasern)

✉ Hermann-Löns-Weg 2
   08491 Netzschkau
✆ 0 37 65/6 45 36

Friedrich Seidel GmbH

Auerbacher Straße 31
✉ 08233 Schreiersgrün
✆ 03 74 68/6 80 70
   www.seidel-moden.de

Volkskunst/Töpferwaren

Drechslerei Kuhnert GmbH

✉ Hauptstr. 28
   08237 Rothenkirchen
✆ 03 74 62/39 28
   www.kuhnert-gmbh.de

Töpferwerkstatt Forner

✉ An der Töpferei 6
   08209 Schnarrtanne
✆ 0 37 44/21 50 59
   geöffnet Mo. – Fr. 9 – 18 Uhr
   Sa. 9 – 12 Uhr

Designer-Stoffe/Kissen

Steen Design

✉ Alte Plauensche Str. 1
   08606 Oelsnitz/Untermarxgrün
✆ 03 74 21/4 44 40
   www.steen-design.de

**Helga Lorenz Gardinen
und Tischdecken**

✉ Schützenstr. 6
   07919 Mühltroff
✆ 03 66 45/2 25 80
   www.lorenz-decken.de

Kunstgewerbe

Jürgen Müller

✉ Am Stadtpark 30
   08261 Schöneck
✆ 03 74 64/8 21 70

Die drei Vogtländer

Die Vögte und das Vogtland – fast eine Erfolgsgeschichte

Das Vogtland ist im Auto oder im Zug in Richtung Bayern, Tschechien oder Thüringen schnell durchquert. Wer sich Zeit nimmt, findet fast in jedem Ort Zeugen der Vergangenheit: Kirchen, Burgen, Ruinen oder Stadtmauern. Für Reisende irritierend sind jedoch Bezeichnungen wie „Bayerisches, Sächsisches oder Thüringisches Vogtland" an Raststätten oder Autobahnauf- und Autobahnabfahrten. Dreimal Vogtland in drei Bundesländern? Die Wurzeln dafür liegen im Mittelalter.

Als im 13. und 14. Jahrhundert die Vögte von Weida, Gera und Plauen in den Urkunden von ihrem Land, dem Land der Vögte, „terra advocatorum", sprachen, benötigte ein Pferdefuhrwerk etwas länger als zwei Tage, um den Herrschaftsbereich der drei Vogtslinien von Nord nach Süd oder von Ost nach West zu durchfahren. Dieser erstreckte sich damals über Teile des Pleißenlandes um Schönfels und Werdau, über die Hochflächen um Mehlteuer bis Berga, das Kuppenland bei Plauen, das Göltzschtalgebiet, das obere Vogtland um Adorf, Markneukirchen und Schönberg bis nach As im heutigen Tschechien, Teile des Saalegebietes um Hof, das Hochland um Weida und die Gebiete um das heutige thüringische Lobenstein und Schleiz.

Um 1100 war das Gebiet zwischen Saale und Weißer Elster eine Waldlandschaft mit wenigen Siedlungen. Zur Missionierung der an der Weißen Elster ansässigen Slawen gründete Dietrich, der Bischof von Naumburg, 1122 in der Siedlung „plawe" – Plauen – die Johanniskirche. Dabei stifteten die im 12. Jahrhundert für das Gebiet verantwortlichen Grafen von Eberstein für die Versorgung von Priester und Kirche weitgehend unbesiedeltes Land. Nur Chrieschwitz, Plauen und Zöbern werden in der Urkunde als bestehende Orte genannt. Als erster Angehöriger der Vögte erscheint unter den die Glaubwürdigkeit der Urkunde bezeugenden Adligen ein Erkenbert von Weida.

Bis ins 12. Jahrhundert schweigen die schriftlichen Quellen. In dem Zeitraum begannen die deutschen Könige und Kaiser ihre Besitzungen zwischen Saale und Elbe auszubauen. Bereits bis zum Ende des 12. Jahrhunderts rodeten bis zu 200.000 Siedler aus Bayern, Franken, Thüringen und Niedersachsen den Wald bis in die Kammlagen des Erzgebirges und des Vogtlandes. Diese Ansiede-

Die Osterburg von Weida – die Wiege des Vogtlands.

lungen spiegeln sich bis heute in den verschiedenen Mundartvarianten des Vogtlands wider. Als Gebiete königlicher Macht entstanden das Pleißen-, das Vogt- und das Egerland. Die Vögte von Weida handelten als Reichsvögte im Auftrag des deutschen Königs. Den Grundstein der vögtischen Macht legte Vogt Heinrich II. von Weida (1174 – 1196), der den Beinamen „der Reiche" trug. Gestützt auf gerodetes Land und ausgestattet mit Gerichtseinnahmen aus der Vogtei, konnte er zielstrebig seinen Einfluss erweitern. Die Erschließung des Landes schritt von Weida Richtung Norden

nach Gera sowie nach Süden in Richtung Greiz und Plauen voran. Als Vogt Heinrich II. um 1196 starb, hinterließ er seinen drei Söhnen große Besitzungen. Der zweitgeborene Sohn Heinrich IV. erbte die Herrschaften Gera und Plauen. Er begann, das Werk seines Vaters fortzusetzen und zielstrebig die Macht zu erweitern. Bevor er 1238 in den Deutschen Orden eintrat, übertrug er dem Orden 1224 die Pfarrkirche in Plauen mit allen Besitzungen und Einkünften.

Heinrichs Söhne, Heinrich I. von Plauen und Heinrich I. von Gera, begründeten mit ihrem Vetter Heinrich IV. von Weida die Vogtslinien Weida, Gera und Plauen. Durch den gleichen Vornamen sowie den Vogtstitel, den sie in Ur-

Foto: S. 17:
Schloss Voigtsberg in Oelsnitz.

kunden verwendeten, verwiesen sie auf ihren Willen zur Einheit und zum gemeinsamen Handeln. Damit zeigten sie für damalige Verhältnisse einen seltenen Realitätssinn. Die drei Herrschaftsmittelpunkte Gera, Weida und Plauen wurden zu repräsentativen Zentren ausgebaut. In Plauen erfolgte der Neubau der Burg. Die Stadt wurde erweitert und für Handel und Verkehr durch den Bau einer Steinbrücke (1244) über die Weiße Elster attraktiv gemacht. Zeitgleich entstand im südlich von Plauen liegenden Kürbitz eine weitere Steinbrücke über die Elster. Ab Mitte des 13. Jahrhunderts begannen alle drei Vogtslinien ihre Herrschaft zu sichern und zu erweitern. Sie stimmten sich über Abgaben sowie Gerichtsbefugnisse ab und

Die um 1180 errichtete Burg Mylau.

traten nach außen gemeinsam auf. In der Außenpolitik war man wenig zimperlich: Krieg, Burgenbau und Tausch waren die Mittel, derer man sich bediente. Konkurrenten wurden befehdet oder durch Heirat und Erbe verdrängt. Den Vögten von Weida gelang es, das Regnitzland um Hof in ihren Besitz zu bringen. Heinrich I., Vogt von Plauen, brachte das Gebiet um Adorf, Elster und Asch in seinen Besitz. Zur Sicherung entstand ein System von teilweise heute noch sichtbaren Burgen, zum Beispiel in Schönfels, Werda, Steinpleis, Neumarkt, Möschwitz, Irfersgrün im Norden, Plohn, Auerbach, Falkenstein, Treuen, Reinsdorf, Schöneck im Osten sowie Kürbitz, Weischlitz, Magwitz, Planschwitz, Posseck und Wiedersberg im Süden sowie Südwesten. Die Vögte spielten nun auch auf dem Parkett der Großen des Reiches mit. Im Grimmaer Vertrag von 1254 versprachen sie den Markgrafen von Meißen Hilfe beim Erlangen des Egerlandes und im Kampf gegen die Könige von Böhmen. Im Gegenzug sicherten sie sich die Unterstützung gegen die das Regnitzland beanspruchenden Burggrafen von Nürnberg. Das Egerland schien den Vögten ein weiteres lohnenswertes Ziel. Vogt Heinrich I. von Plauen ließ zur Sicherung seiner Besitzungen gegen den Willen des Reiches auf dem im Egerland gelegenen Kapellenberg bei Schönberg eine Burg errichten und machte trotzdem durch die Unterstützung des deutschen Königs Karriere: Er wurde mit 60 Jahren zum Landrichter über den Adel des Pleißenlandes eingesetzt und erhielt als Dank für seine Dienste von König Rudolf von Habsburg die Kirchenrechte über Asch und Adorf sowie die Gebiete um Neuburg und Elster. Damit gelang die lange angestrebte territoriale Erweiterung nach Süden, die fast dem heutigen Grenzverlauf zu Tschechien entspricht.

Im ausgehenden 13. Jahrhundert zeigt die Einheit zwischen den Vogtslinien erste Risse. Bereits 1288 und 1296 mussten Unstimmigkeiten per Vertrag ausgeräumt werden. Unterdessen wurde der Druck durch die Könige von Böhmen, die Burggrafen von Nürnberg und die Markgrafen von Meißen immer größer. Als 1303 der über 70-jährige Vogt Heinrich I. von Plauen verstarb, ging eine über 60 Jahre andauernde Politik des kontinuierlichen Ausbaues und der Sicherung vögtischer Macht und Interessen zu Ende. Da die Söhne Heinrichs I. vor dem Vater gestorben waren, wurde die Herrschaft Plauen unter Heinrich II. Reuß und seinem Onkel Heinrich II. von Plauen aufgeteilt. Nun handelten im Gebiet der Weißen Elster bereits vier vögtische Familien mit oft kaum noch zu vereinenden Interessen.

1307 standen sich die vögtischen Linien erstmals auf Seiten verschiedener Bündnispartner gegenüber. Bis 1355 wurden alle vier vögtischen Linien in unzählige Fehden verwickelt. Sie kämpften gegen die Wettiner und standen sich selbst feindlich gegenüber. Verheerend wirkte sich zudem die unkontrollierte, aggressive Politik Heinrich II. Reuß von Plauen aus, der die Wettiner verfolgte und selbst vor Betrug und Mordanschlägen nicht zurückschreckte. Die Fehden führten zu großen Zerstörungen und schwächten die vögtischen Dienstmannen, die sich für die Kriegsführung hoch verschuldeten, ihre Besitzungen verpfändeten und auch vor Wegelagerei nicht mehr zurückschreckten. 1313 und 1316 waren die Kämpfe um Weida und den Hohenforst bei Kirchberg so heftig, dass der Bischof von Naumburg gewaltige Verwüstungen beklagte. Nur die königliche Unterstützung durch Kaiser Ludwig den Bayern verhinderte die endgültige Niederlage. Die Plauener Linie suchte im Kampf gegen die Wettiner ihr Heil bei König Johann von Böhmen und übertrugen ihm 1327 ihre Herrschaft Plauen zu Lehen. Obwohl 1329 schwer angeschlagen, erfuhren die Vögte durch Kaiser Ludwig den Bayern eine der höchsten Ehrungen, indem er ihre Rechte als Landesherren anerkannte. Vom Stand her waren sie damit den

Wettinern und den Burggrafen von Nürnberg gleich gestellt.

Die Niederlage im Thüringer Grafenkrieg 1342 führte die Vögte mit der Zahlung einer Strafe von 140.000 Silbermark an die Gegner an den Rand des Ruins. Mit dem Tod Kaiser Ludwigs des Bayern verloren die Vögte einen Gönner und Beschützer. Sein Nachfolger, der spätere Kaiser Karl IV. und böhmische König (1346 – 1378), hatte andere Pläne. Gestützt auf sein Königtum in Böhmen, wollte er seine Macht im fränkisch-meißnischen Raum erweitern. Allen vier Vogtslinien drohte nun von allen Seiten Gefahr. König Karl benötigte 1349 Geld und Ruhe im Reich zur Vorbereitung seines Italienzuges und der Kaiserkrönung. Dafür wurden den Wettinern die Herrschaften der Vögte in Aussicht gestellt. Unter dem Vorwand der Wegelagerei ermächtigte Karl IV. im September 1354 die Markgrafen von Meißen und die Stadt Erfurt, das Raubwesen im Vogtland zu beseitigen. Die Kämpfe dauerten bis Oktober 1355. Dann mussten sich die Truppen der Vögte von Weida und Gera sowie Heinrich III. Reuß von Plauen der Übermacht beugen. Einzig der Plauener Vogt suchte den Folgen einer Niederlage durch die Bitte um Schutz bei Kaiser Karl IV. zu entgehen.

Der Niedergang war aber nicht mehr aufzuhalten: 1357 verloren die Vögte von Weida Hof und das Regnitzland. 1357 zwangen die Wettiner den Plauener Vogt Heinrich zum Verkauf eines Teils seines Besitzes. Vogt Heinrich der Ältere von Plauen wurde aus dem Vogtland entfernt und besaß 1363 nur noch einen freien Hof in Dresden. Seit 1356 gebot Kaiser Karl IV. über die Herrschaft Plauen. Der erneut opponierende Heinrich III. Reuß von Plauen wurde in einem letzten Waffengang 1358 von den Wettinern in 15 Tagen besiegt. Im Ergebnis gelangten die Burg Mylau und die Stadt Reichenbach unter die Herrschaft des Kaisers.

Damit fand eine über 250 Jahre andauernde eigenständige Entwicklung des Vogtlandes ihr Ende. In der Zeit haben die Vögte von Gera, Weida und Plauen die Entwicklung dieser Region maßgeblich geprägt und bestimmt sowie dem Landstrich ihren Namen gegeben. Die Linien der Vögte von Weida, Gera und Plauen starben 1427, 1550 und 1570 aus. Allein den Reußen gelang es, ihren Besitzstand, die späteren Fürstentümer Reuß und die Reichsunmittelbarkeit zu wahren. Die Herrschaft der Vögte von Plauen, das heutige sächsische Vogtland, gelangte 1559 endgültig in die Hand der Wettiner und wurde zum Vogtländischen Kreis. (pd)

Orte und Landschaften
im sächsischen Vogtland

Nordvogtland

Ungekrönte Königin des Nordvogtlands ist die Göltzschtalbrücke – die größte Ziegelsteinbrücke der Welt. Umgeben ist diese Stein gewordene architektonische Meisterleistung des 19. Jahrhunderts von solch kulturträchtigen Stätten, wie der um 1180 erstmals erwähnten Burg Mylau, dem Schloss Netzschkau, dem im weiten Bogen der Weißen Elster liegenden Elsterberg mit seiner Burgruine sowie dem Geburtshaus der Theaterreformatorin Friederike Caroline Neuber und den im Bauhausstil errichteten Wasserturm von Reichenbach.

Abgerundet wird das kulturelle Angebot durch Veranstaltungshäuser, in denen ein weiterer Botschafter der Region zu Hause ist: die Vogtland Philharmonie Greiz/Reichenbach. Zu dem unverwechselbaren Mix des nördlichen Vogtlands gehört die sanfte vogtländische Kuppenlandschaft.

Elsterberg

Die größte Burgruine im Freistaat Sachsen können sich Touristen im 1198 erstmals erwähnten Elsterberg ansehen. Die Anlage ist 1,5 Hektar groß. Die Burg wurde vor 1225 erbaut. Dem Verfall wurde die Anlage ab dem 17. Jahrhundert nach mehrmaligen Besitzerwechseln und Geldknappheit der Eigentümer preisgegeben. Nach dem Brand von 1840 holten sich viele Elsterberger von der Burg Baumaterial. Erst der Elster-

Elsterberg von der Burg aus gesehen.

berger Gebirgsverein nahm sich der Ruine im Jahr 1881 nach seiner Gründung an. Der Verein richtete 1883 das erste Ruinenfest aus, das heute alle vier Jahren gefeiert wird.

Von der Zeugmacherei über die Weberei entwickelte sich Elsterberg im 19. Jahrhundert zur Industriestadt – Kunstseiden aus Elsterberg waren im In- und Ausland bekannt. Die Enka Elsterberg ist heute noch ansässig und Hauptarbeitgeber der Stadt. Heute leben dort etwa 5000 Menschen. Bemerkenswert: Elsterberg war bei der 1952 in der DDR vorgenommenen Gebietsreform dem Bezirk Gera und damit Thüringen zugeschlagen worden. Auf Drängen ihrer Einwohner kam die Stadt am 1. April 1992 wieder zurück zu Sachsen.

Sehenswert sind das nach dem großen Stadtbrand von 1840 im klassizistischen Stil errichtete Rathaus samt dem Gebäudeensemble am Markt.

Ein besonders reizvolles Stück vogtländische Natur erleben Wanderer südlich von Elsterberg. Wenn sie die Weiße Elster flussaufwärts in Richtung Plauen laufen, gelangen sie in das 2,5 Kilometer lange Landschaftsschutzgebiet Steinicht – einem wildromantischen Tal mit steilen Fels-

Foto S. 23: Die Göltzschtalbrücke bei Netzschkau.

hängen und einer zwischen mächtigen Felsbrocken dahinrauschenden Weißen Elster.

Stadtverwaltung Elsterberg

✉ Marktplatz 1
   07985 Elsterberg
✆ 03 66 21/88 10
www.elsterberg.de

Kulturhaus Coschütz

Café-Restaurant-Biergarten
✉ Friedensstr. 38
   07985 Elsterberg
✆ 03 66 21/2 67 50
@ fischers-coschuetz@t-online.de

Lengenfeld

Das größte Aushängeschild der etwa 8200 Einwohner zählenden Stadt an der Göltzsch ist der **Freizeitpark** im Ortsteil Plohn, der jährlich von zehntausenden Gästen aus ganz Deutschland besucht wird. Rund 40 Attraktionen laden vor allem Familien dazu ein, einen ganzen Tag in der Anlage zu verbringen. Dazu zählen ein Freefall-Tower mitten in einem Urzeitdorf, das Dino- und das Märchenland. Wer möchte, kann mit einer Western- oder einer Wildwasserbahn fahren.

Gegründet wurde der Ort um 1300 von fränkischen Siedlern. Mit der Gründung einer Innung im Jahre 1562 entwickelte sich Lengenfeld zum Tuchmacherstädtchen. Durch das Textilgewerbe verdoppelte sich die Einwohnerzahl der Stadt zum Ende des 18. Jahrhunderts auf über 2000 Menschen. Interessant ist, dass die letzten Versuche, im Flüsschen Göltzsch nach Gold zu waschen, 1841 abgebrochen wurden. Ein einschneidendes Ereignis in der Geschichte war der große Brand von 1856, der den gesamten Stadtkern vernichtete. Erwähnenswert ist, dass zur politischen Wende 1989 Lengenfelder Bürger die Räumung eines unterirdischen Munitions- und Sprengstofflagers erzwungen haben, das sich mitten im Stadtgebiet befunden hat.

Die 1438 erstmals urkundlich erwähnte Klopfermühle ist die einzige Anlage dieser Art im Vogtland, die heute noch mit Hilfe von Wasserkraft arbeitet. Nach Anmeldung können Besucher die Technik der sich seit 1863 in Familienbesitz befindenden Mühle bestaunen.

Über 600 Exponate sind im Feuerwehrmuseum zu sehen. Besonders interessant sind die Hilfsmittel aus der Zeit um 1800 wie eine Einstellspritze aus Holz sowie die zum Teil funktionsfähige Löschtechnik aus dem 20. Jahrhundert. Wer genug Museumsluft geschnuppert hat, der kann sich im Lengenfelder Park erholen. Die Anlage wurde 1907 fertig gestellt. Da auch die Lengenfelder keine Kinder von Traurigkeit sind, beschlossen sie, ab 1909 dort ein Fest im Grünen zu feiern. Das seitdem alle zwei Jahr gefeierte Parkfest ist eines der ältesten Feste im Vogtland.

Lebensgroße Dinosaurier-Modelle sind nur eine Attraktion im Freizeitpark Plohn.

Fremdenverkehrsamt Lengenfeld

✉ Hauptstr. 57

   08485 Lengenfeld

✆ 03 76 06/3 21 78

www.stadt-lengenfeld.de

Feuerwehrmuseum Lengenfeld

✉ Poststr. 39

   08485 Lengenfeld

✆ 03 76 06/3 43 34

Öffnungszeiten:

April bis Oktober jeden 1. So. im
Monat, Besichtigungen zu anderen
Zeiten sind auf Anfrage möglich.

www.feuerwehrmuseum-lengenfeld.de

Freizeitpark Plohn

✉ Rodewischer Str. 21

   08485 Lengenfeld / OT Plohn

✆ 03 76 06/3 41 63

www.freizeitpark-plohn.de

G. Klopfer Handelsmühle Lengenfeld

Inhaber: Dietrich Klopfer

Führungen nach Anmeldung

✉ Zwickauer Str. 29

   08485 Lengenfeld

✆ 03 76 06/26 22

www.klopfermuehle.de

Hotel „Lengenfelder Hof"

Das Haus bietet komfortable
Zimmer sowie vogtländische
und internationale Küche.

✉ Auerbacher Str. 2

   08485 Lengenfeld

✆ 03 76 06/87 70

www.hotel-lengenfelder-hof.de

Mylau

Die Burg Mylau und die Göltzschtalbrücke sind die weithin sichtbaren Wahrzeichen der etwa 3000
Einwohner zählenden Stadt. Die
Burg wurde im Zuge der deutschen Besiedlung des Vogtlands
um 1180 auf einem Felssporn errichtet. Wie in den meisten nord-
vogtländischen Orten entwickelte
sich im 17. Jahrhundert die Weberei zum bestimmenden Gewerbe.
Mitte des 19. Jahrhunderts wurde
die Stadt zu einem bedeutenden
Standort der sächsischen Textilindustrie, die allerdings nach der
politischen Wende 1989 zusammenbrach. In der Burg, die der
Adel 1773 als Sitz aufgegeben hat,
befand sich zeitweilig eine große
Baumwollspinnerei. Seit 1893 beherbergt die Anlage ein **Museum**
mit der heute größten Naturkun-
desammlung des Vogtlandes. Dar-
unter befinden sich etwa 15.000
Insekten und 1000 Vogelpräpa-
rate. Das Museum informiert über
die Aufenthalte von Kaiser Karl
IV. in Mylau, die Geschichte der
Burg und der Göltzschtalbrücke.
Bauliches Bonbon ist der Barock-
saal. Dort sind 40 naturgetreu
nachgezeichnete europäische Ba-
rockresidenzen aus der Zeit um
1750 zu sehen – so genannte Ve-
duten.

Eine **Kirche** erhielt Mylau um
1250. Nach dem Abbruch eines
kleinen romanischen Gotteshau-
ses entstand von 1887 bis 1890 an

gleicher Stelle ein neogotischer Backsteinbau mit einem 72 Meter hohen Turm. Eine beeindruckende Einheit bilden Gestaltung und Einrichtung der Kirche. Dazu zählt ein Instrument des bedeutendsten Orgelbauers des Spätbarocks Gottfried Silbermann. Das 1731 gebaute Orgelwerk wurde in den Neubau übernommen.

Wer ins Innere der Erde blicken möchte, hat dazu im Alaunbergwerk von Mühlwand Gelegenheit. Dort wurde von 1691 bis 1827 Alaunsalz abgebaut. Erst als das Wasser nach einem Unwetter die Stollen 1954 aufbrach, wurde die Anlage der Vergessenheit entrissen. Das Bergwerk vermittelt ein Bild vom Bergbau im 19. Jahrhundert.

Fremdenverkehrsverein
Nördliches Vogtland
✉ Burg 1
   08499 Mylau
✆ 0 37 65/39 28 08 u.
   01 72/2 71 61 52
www.goeltzschtalbruecke.info

Museum Burg Mylau
✉ Burg 1
   08499 Mylau
✆ 0 37 65/3 42 47 u. 39 28 08
Öffnungszeiten:
Februar bis Oktober
Di. – Do., Sa u. So. 10 – 16.30 Uhr
November bis Januar
nur nach Anmeldungen und
zu Sonderveranstaltungen
www.mylau.de

Alaunbergwerk Mühlwand
✉ Am Alaunwerk 6 (Postanschrift)
   08468 Reichenbach
✆ 0 37 65/52 18 98
Öffnungszeiten:
Sa. und So. 13 – 16 Uhr
Im Juni und August täglich Führungen
von 13 bis 16 Uhr, außerhalb der Öffnungszeiten nach Absprache.
www.alaunwerk.de

Netzschkau

Genau wie Mylau kann das rund 5000 Einwohner zählende Netzschkau die **Göltzschtalbrücke** als die Sehenswürdigkeit für sich in Anspruch nehmen. Die Brücke grenzt an die Flure beider Städte, allerdings ein klein wenig mehr an die von Netzschkau. Die Göltzschtalbrücke ist ein Zeugnis der Architekturkunst im nach vorn drängenden Sachsen zur Mitte des 19. Jahrhunderts. Sie entstand in den Jahren 1846 bis 1851 beim Bau der Eisenbahnverbindung von Leipzig nach Nürnberg. Den Hauptanteil am Projekt hatte der aus dem vogtländischen Wernesgrün stammende Johann Andreas Schubert. In die 574 Meter lange und 78 Meter hohe Brücke wurden über 26 Millionen Ziegelsteine verbaut. Die weiteste Spannweite eines Bogens beträgt 30,9 Meter. Für den Gerüstbau

Foto S. 28: Die Stadt Mylau mit Burg und Kirche.

Brücken im Vogtland

Die landschaftlichen Schönheiten des Vogtlands bereiteten den Architekten Kopfzerbrechen: Die malerischen Täler mussten mit Verkehrswegen überwunden werden. Die sich vor allem seit der Mitte des 19. Jahrhunderts stürmisch entwickelnde Industrie im Königreich Sachsen forderte die schnelle Verbindung der Wirtschaftsmetropolen und den verkehrstechnischen Anschluss an den süddeutschen Raum. Eine zweite Welle setzte beim Bau der Autobahnen im 20. Jahrhundert ein. Bemerkenswert ist der Bau der Autobahnbrücke bei Pirk: Die Arbeiten wurden 1939 zum Beginn des Zweiten Weltkrieges eingestellt. Der Brückenkörper – die Bögen standen bereits – befand sich noch in einem so guten Zustand, dass darauf 1991 beim Schließen der Lücke der Autobahn A 72 zwischen Plauen und Hof weitergebaut werden konnte.

Göltzschtalbrücke bei Netzschkau: *von 1846 bis 1851 erbaut,*
Länge: 574 Meter, Höhe: 78 Meter, Zugverbindung Leipzig – Nürnberg;
Elstertalbrücke bei Jocketa *(Foto): von 1846 bis 1851 erbaut,*
Länge: 279 Meter, Höhe: 68 Meter, Zugverbindung Leipzig – Nürnberg;
Syratalbrücke bei Plauen: *von 1871 bis 1874 gebaut,*
Länge: 201 Meter, Höhe: 34 Meter, Zugverbindung Plauen – Böhmen;
Brücke in Grobau: *1847 erbaut, Länge: 154 Meter, Höhe: 79 Meter,*
Zugverbindung Leipzig – Nürnberg;
Autobahnbrücke bei Pirk (A 72): *gebaut von 1938 – 1940 und 1991 – 1992,*
Länge: 635 Meter, Höhe: 60 Meter;
Göltzschtal-Autobahnbrücke bei Weißensand (A 72):
gebaut von 1937 bis 1939, Länge: 427 Meter, Höhe: 36 Meter;
Triebtalbrücke bei Altensalz (A 72):
gebaut 1937 bis 1939, Länge: 373 Meter, Höhe: 27 Meter;
Autobahnbrücke Friesenbachtal:
gebaut von 1937 bis 1938, Länge: 203 Meter, Höhe: 17 Meter;
Friedensbrücke Plauen: *gebaut 1903 bis 1905,*
Länge: 163 Meter, Höhe: 18 Meter.
Die Brücke gilt als größte Bruchsteingewölbebrücke der Welt. (lh)

Schloss Netzschkau.

men um 1627 Stuckdecken, die zu den ältesten Formen deutschen Stucks im sächsisch-thüringischen Raum gehören. Ein 1998 gegründeter Förderverein kümmert sich um Erhalt und Bewirtschaftung des Schlosses.

Neben Ausflügen ins malerische Göltzschtal ist ein Besuch des **Kuhbergs** bei Netzschkau empfehlenswert – die mit 510 Metern höchste Erhebung im Nordvogtland. Auf dem Gipfel steht der 1902 errichtete Bismarckturm, der den Berg um 21 Meter erhöht und so einen schönen Rundblick ermöglicht. Er kann zu den Öffnungszeiten der benachbarten Gaststätte täglich ab 11 Uhr bestiegen werden.

Schloss Netzschkau
Ansprechpartner: Förderverein
✆ 0 37 65/39 01 36 u.
   01 77/3 05 19 90
Öffnungszeiten:
April bis Oktober an Wochenenden sowie Feiertagen von 13 – 17 Uhr geöffnet. Außerhalb dieser Zeiten sind Führungen nach Absprache möglich.
www.schloss-netzschkau.de

Reichenbach

wurden über 23.000 Baumstämme verwendet. Nicht allein die Größe, sondern auch die Architektur mit den 81 Bögen in vier Etagen lassen das mächtige Bauwerk zum Blickfang werden. In der Umgebung der Brücke gibt es Wanderwege, von denen aus sich Touristen die das Tal bestimmende Dimension des Bauwerkes erschließen können. Neben dem Ziegelsteinbauwerk sollten sich Touristen Zeit zum Besichtigen eines Kleinods nehmen – des Schlosses Netzschkau, eines Meisterwerkes der Spätgotik. Der Rechteckbau mit zwei Türmen entstand um 1490 als eines der ersten Wohnschlösser des Adels im sächsischen Raum. Es weist die typischen Stilformen der sächsischen Spätgotik auf: Staffelgiebel, Vorhangbogenfenster, reich profilierte Türrahmungen. Dazu ka-

Zwar profitiert auch die Stadt Reichenbach von den Bauwerken der Umgebung. Doch hat sich das einstige Zentrum der Textilindustrie im Nordvogtland mit seinen etwa 22.000 Einwohnern heraus-

Das Zentrum von Reichenbach mit dem Markt.

geputzt, um die Gäste zum „Tag der Sachsen" 2007 und zur Landesgartenschau 2009 in einer angenehmen Umgebung zum Feiern einzuladen.

1212 erstmals urkundlich erwähnt, wurde ab 1271 von der „civitate richenbach" gesprochen, was soviel wie Marktflecken Reichenbach bedeutete. Im 17. Jahrhundert entwickelte sich die Stadt zu einem angesehenen Zentrum der Tuchmacherei, das durch Stadtbrände und ein Nachlassen der Konjunktur jedoch wieder an

Bedeutung verlor. Einen neuen Aufschwung brachte ab 1825 die mit der Ansiedlung der Streichgarn- und Kammgarnspinnerei einsetzende Industrialisierung. Die Anbindung an Bahnstrecken ab 1846 begünstigte die Entwicklung enorm. August Horch, der Pionier der deutschen Automobilindustrie, baute in Reichenbach von 1902 bis 1904 in seiner Firma Horch den Horch Tonneau. Erst später zog er nach Zwickau um. Ein Angriff angloamerikanischer Flieger beschädigte und zerstörte

Johann Andreas Schubert

Vom Sohn eines Tagelöhners zum universal begabten Ingenieur und Konstrukteur hat Johann Andreas

Schubert aus Wernesgrün einen erstaunlichen Lebensweg absolviert. Der am 19. März 1808 Geborene wuchs bei Pflegeeltern auf. Ab 1828 war er Lehrer an der Königlich-Technischen Bildungsanstalt (heute TU) Dresden. 1832 erhielt Schubert den Professorentitel, 1836 wurde er Technischer Direktor und Direktoriumsvorsitzender der neu gegründeten Maschinenbauanstalt Übigau bei Dresden. Von Schubert stammen sowohl die Konstruktion der ers-

ten auf der Oberelbe fahrenden Dampfschiffe „Königin Maria" und „Prinz Albert" (1837/38) als auch die erste funktionstüchtige, in Deutschland entwickelte und gebaute Dampf-lok „Saxonia". Sie war erstmals am 8. April 1839 zwischen Leipzig und Dresden unterwegs. In seiner vogtländischen Heimat ist Schubert bis heute als Konstrukteur der Göltzschtalbrücke, der mit 26 Millionen verbauter Ziegelsteine größten Ziegelsteinbrücke der Welt, bekannt. Die Brücke hat allen Unkenrufen aus der Bauzeit zum Trotz bis heute den Anforderungen des modernen Eisenbahnverkehrs standgehalten. Er starb am 6. Oktober 1870 in Dresden. Der Andreas-Schubert-Bau der TU Dresden, Gedenktafel an der Brücke und in Wernesgrün halten das Andenken an diesen großen Sohn des Vogtlandes ebenso wach wie das Buch „Schubert und die Saxonia" des ehemaligen vogtländischen Landrats Roland Röhn. *(hagr)*

Abb.: Gedenktafel für Johann Andreas Schubert in Wernesgrün.

am 21. März 1945 über 700 Häuser der Stadt. Es waren 161 Opfer zu beklagen. Nach kurzer amerikanischer Besatzung marschierte am 1. Juli 1945 die Rote Armee ein.

Etwa bis 1954 war die Textilindustrie in Reichenbach vorherrschend. Danach übernahmen diese Rolle metallverarbeitende Betriebe. Das VEB Renak-Werk war ein Hauptproduzent von Radnaben und Kupplungen für Autos und Motorräder. Der Verlag Bild und Heimat Reichenbach galt als der größte Postkarten- und Kalenderhersteller der DDR. Nach der Wende 1989 blieben Teile dieser Industrien, besonders im Textilbereich, auf der Strecke.

Im Transformatorenwerk entstehen auch heute noch Anlagen, die in aller Welt Abnehmer finden. In alle Welt ziehen auch die Absolventen des Reichenbacher Hochschulteils der Westsächsischen Hochschule Zwickau. Die Bildungsstätte setzt die Tradition der textilen Ausbildung fort. Das Haus gilt als renommierte Adresse für ein Studium in den Fachrichtungen Textil- und Ledertechnik sowie Architektur. Eine Besonderheit weist das Lehrgebäude aus: Der Komplex wurde von 1926 bis 1929 im Stile des Bauhauses errichtet. Zum Wahrzeichen der Stadt ist ein Bauwerk geworden, das aus der gleichen Zeit stammt: der 28 Meter hohe **Wasserturm.** Die Silhouette der 1926 gebauten Anlage prägt die Stadt und gilt durch ihre funktionale Bauweise als einzigartig in Deutschland. Von der Aussichtsplattform haben Besucher einen herrlichen Blick über die Stadt und ihre Umgebung. Eine Ausstellung informiert über die Turmgeschichte. Erstmals erwähnt wird die Reichenbacher **St.-Petri-und-Paul-Kirche** im Jahre 1225. Danach

mehrmals durch Brände vernichtet und bei Kriegen zerstört, wurde 1721 der Grundstein für eine neue Kirche gelegt. Eine architektonische Besonderheit ist der barocke Kanzelaltar aus dem Jahr 1723. Seit Mai 1725 erklingt im Gotteshaus eine Orgel des Freiberger Orgelbauers Gottfried Silbermann.

Als Botschafter der Region tritt die Vogtland Philharmonie Greiz/Reichenbach auf. Der 1992 per Staatsvertrag zwischen Thüringen und Sachsen gegründete Klangkörper kann sich auf eine bis ins 19. Jahrhundert zurückreichende Tradition der Reichenbacher und Greizer Philharmonien berufen. Bis heute hat sich die Vogtland Philharmonie zu einem deutschlandweit gefragten Orchester entwickelt, das immer häufiger zu Auftritten ins Ausland eingeladen wird. Ein Auftrittsort in Reichenbach ist das **Neuberinhaus** – ein Veranstaltungsort, der 1949 auf den Trümmern des einstigen Ballhauses „Kaiserhof" errichtet wurde.

Einen Einblick in das Leben der berühmtesten Tochter von Reichenbach, Friederike Caroline Neuber, gibt das Neuberin-Museum. (lh)

Stadtverwaltung Reichenbach
✉ Markt 1
08468 Reichenbach
✆ 0 37 65/52 40
www.reichenbach-vogtland.de

Wolfgang Mattheuer

Der Maler, Grafiker und Bildhauer Wolfgang Mattheuer kam am 7. April 1927 in Reichenbach/Vogtland als Sohn eines Buchbinders zur Welt. Der gelernte Lithograph studierte ab 1946 in Leipzig, wo er an der Hochschule für Grafik und Buchkunst ab 1953 als Assistent, Dozent und seit 1965 als auch Professor auch lehrte. Zunächst widmete er sich der Malerei und der grafischen Kunst, ab 1971 auch der Bildhauerei. Die Plastik Jahrhundertschritt aus dem Jahr 1984 gilt als sein bedeutendstes Werk. Als Teilnehmer an der Documenta in Kassel 1977 und der Biennale in Venedig 1984 genoss Mattheuer auch internationales Renommee. Zusammen mit den Malern Werner Tübke und Bernhard Heisig gilt er als Gründer der so genannten Leipziger Schule, einer Strömung der modernen Malerei, die bis in die Gegenwart (Neo Rauch) wirkt. Wolfgang Mattheuer, dessen Werke sich in Museen in ganz Deutschland, China,

Russland und Ungarn befinden, wurde 1985 mit der Ehrenbürgerschaft von Reichenbach und 1993 mit dem Bundesverdienstkreuz ausgezeichnet. Er starb an seinem 77. Geburtstag am 7. April 2004 an Herzversagen und fand seine letzte Ruhestätte auf dem Leipziger Südfriedhof. *(hagr)*

Neuberin-Museum
✉ Johannisplatz 3
    08468 Reichenbach
☎ 0 37 65/2 11 31
Öffnungszeiten:
Di. – Fr. 10 – 16 Uhr, So. 13 – 16 Uhr
sowie nach telefonischer
Voranmeldung
www.reichenbach-vogtland.de

Konzert- und Veranstaltungshaus
Neuberinhaus
✉ Weinholdstr. 7
    08468 Reichenbach
☎ 0 37 65/1 21 88, 01 72/3 57 62 55
www.neuberinhaus.de

Neuberin (Friederike Caroline Neuber)

Die Schauspielerin und Theater-reformatorin Friederike Caroline Neuber wurde am 9. März 1697 in Reichenbach als Tochter des Ad-

vokaten Daniel Weißenborn ge-boren. 1716 schloss sie sich mit ihrem späteren Ehemann Johann Neuber der Spiegelbergschen Theatergruppe in Weißenfels an. 1725 organisierte sie die Schau-spielertruppe Haack-Hoffmann neu und ging mit ihr nach Leipzig. Dort gründete sie 1772 eine ei-gene Komödiantengesellschaft. Durch Übersetzung französischer Dramen mit dem Schriftsteller Jo-hann Christoph Gottsched leitete sie ab 1730 eine Reformbewe-gung im deutschen Theater ein. Sie verbannte die populäre Nar-renfigur des Hanswurst und brachte menschliche Schicksale auf die Bühne. Außerdem war es zu der Zeit alles andere als üblich, dass eine Frau eine Theater-gruppe leitet. Die Neuberin, die als gestrenge Prinzipalin ihrer Truppe überliefert wird, spielte in Dresden, St. Petersburg, Leipzig und später in Wien. 1743 und 1750 löste sie ihre Theatergesellschaft auf und formierte sie neu. Nach-dem ihr das Gastspiel in großen Häusern verwehrt wurde, spielte sie später in kleinen Gastwirt-schaften. Die Frau starb am 29. November 1760 verarmt in Laubegast bei Dresden. An ihre Lebensleistung erinnern ihr Grab auf dem Leubener Friedhof in Dresden, das Neuberinhaus als Kulturzentrum und das Neuberin-museum in Reichenbach sowie Denkmale in Zwickau und Laube-gast. *(hagr)*
Abb.: Neuberin-Büste im Gewand-haus Zwickau.

Reichenbacher Wasserturm
☎ 0 37 65/5 24 20 01
Öffnungszeiten:
April bis Oktober
1. u. 3. Do. im Monat 16 – 18 Uhr
u. nach telefonischer Voranmeldung

Meister Bär Hotel
Vier-Sterne-Hotel
✉ Goethestr. 28
  08468 Reichenbach
☎ 0 37 65/78 00
www.mb-hotel.de

Plauen und Umland sowie Vogtländische Schweiz

Plauen ist mit seinen knapp 70.000 Einwohnern nicht nur die größte Stadt des Vogtlands, sie bildet auch das kulturelle und wirtschaftliche Zentrum der Region. Die Stadt, die durch die Stickereiindustrie und die Plauener Spitze Ende des 19. und Anfang des 20. Jahrhunderts zu Weltruhm gelangte, bietet den Besuchern einen interessanten Mix aus Museen, Galerien, Veranstaltungshäusern sowie eine vielfältige Gastronomie und Hotellerie. So sollte ein Besuch im einzigen **Spitzenmuseum** Deutschlands genauso zu einem Rundgang gehören, wie der Besuch der Altstadt. Anschließend können sich Besucher bei einem Sternquell-Bier erfrischen. Nicht weniger interessant ist das Umland. Die sanf-

Das Naherholungsgebiet der Plauener: die Talsperre Pöhl.

ten Hügel laden zu ausgedehnten Wanderungen ein. Regelrecht romantisch wird es in der Vogtländischen Schweiz – im Elster- und Triebtal – wo sich die beiden Flüsse durch schmale Täler zwängen. Die steilen Felswände üben auf Bergsteiger große Anziehungskraft aus.

Im Tal der Weißen Elster ist die kleine Schwester der Göltzschtalbrücke zu finden – die **Elstertalbrücke.** Das Naherholungszentrum der Menschen aus Ostthüringen und Südwestsachsen bildet die **Talsperre Pöhl.** Neben Rundfahrten mit den Fahrgastschiffen und Kletterübungen im Kletterwald ist natürlich Baden angesagt.

Plauen

Seit 1881 trägt die Marke Plauener Spitze den Namen der Vogtlandmetropole in die Welt hinaus. Die Stickereiindustrie führte dazu, dass die Stadt zur vorletzten Jahrhundertwende einen Aufschwung erlebt hat, wie er in der Textilindustrie selbst im wirtschaftlich starken Deutschland nicht alltäglich gewesen sein dürfte. Doch der Reihe nach: 1122 werden Plauen und die Weiße Elster erstmals in der Stiftungsurkunde der Johanniskirche erwähnt. Im Jahr 1224 war bereits der Deutsche Orden ansässig, unter dessen Federführung das heute nach und nach wieder her-

Ein Festplatz der Plauener – der Altmarkt vor dem Alten Rathaus.

gerichtete Konventsgebäude unterhalb der Johanniskirche gebaut wurde. Zu der Zeit entstand ein Bauwerk, das auch heute noch das Stadtbild Plauens prägt: die alte Elsterbrücke – für die erste Hälfte des 13. Jahrhunderts ein bautechnisches Meisterwerk. Als das Vogtland Mitte des 14. Jahrhunderts an die sächsischen Kurfürsten fiel, wurde die Stadt Sitz einer Amtshauptmannschaft. 1548 legte ein Brand Plauen samt dem 1508 umgebauten **Rathaus** in Schutt und Asche. Das Rathaus war bereits 1550 wieder aufgebaut – nun mit dem wunderschönen Renaissance-Giebel und einer neuen Kunstuhr, die bis heute die Stunde auf dem Marktplatz schlägt. Der schnelle Wiederaufbau sprach auch für die wirtschaftliche Stärke der damals durch die Tuchmacherei geprägten Stadt. Nach den Verheerungen im Schmalkaldischen (1546 – 1547) und vor allem im Dreißigjährigen Krieg (1618 – 1648) entwickelte sich ab Anfang des 18. Jahrhunderts die Baumwollverarbeitung, vor allem die Weberei. Der Aufbau neuer Fabrikationsgebäude am Mühlgraben, der ersten Kattundruckerei und des heute noch zu sehenden, zwischen 1777 und 1778 errichteten spätbarocken Weisbachschen Hauses als Wohn- und Fabrikgebäude, veränderten den Anblick der Stadt. 1778 wurde die erste Zeitung herausgegeben. Die gol-

Das Malzhaus oberhalb des Mühlgrabens.

denen Jahre Plauens brachen an. Händler waren durch den Verkauf von Musselineprodukten – einer aus feinen Baumwollfäden bestehenden Stoffart – reich geworden. Die Blüte endete zum Beginn des 19. Jahrhunderts. Nach dem Bau von Elstertal- und Göltzschtalbrücke gab es ab 1851 eine durchgehende Zugverbindung nach Leipzig und Nürnberg. In der Zeit fasste die Stickerei Fuß und führte zur Ansiedlung weiterer Industriezweige. Die Einwohnerzahlen stiegen. Es folgte ein Bauboom. Im neuen Stadtzentrum öffnete 1880 das später über die Grenzen Sachsens hinaus be-

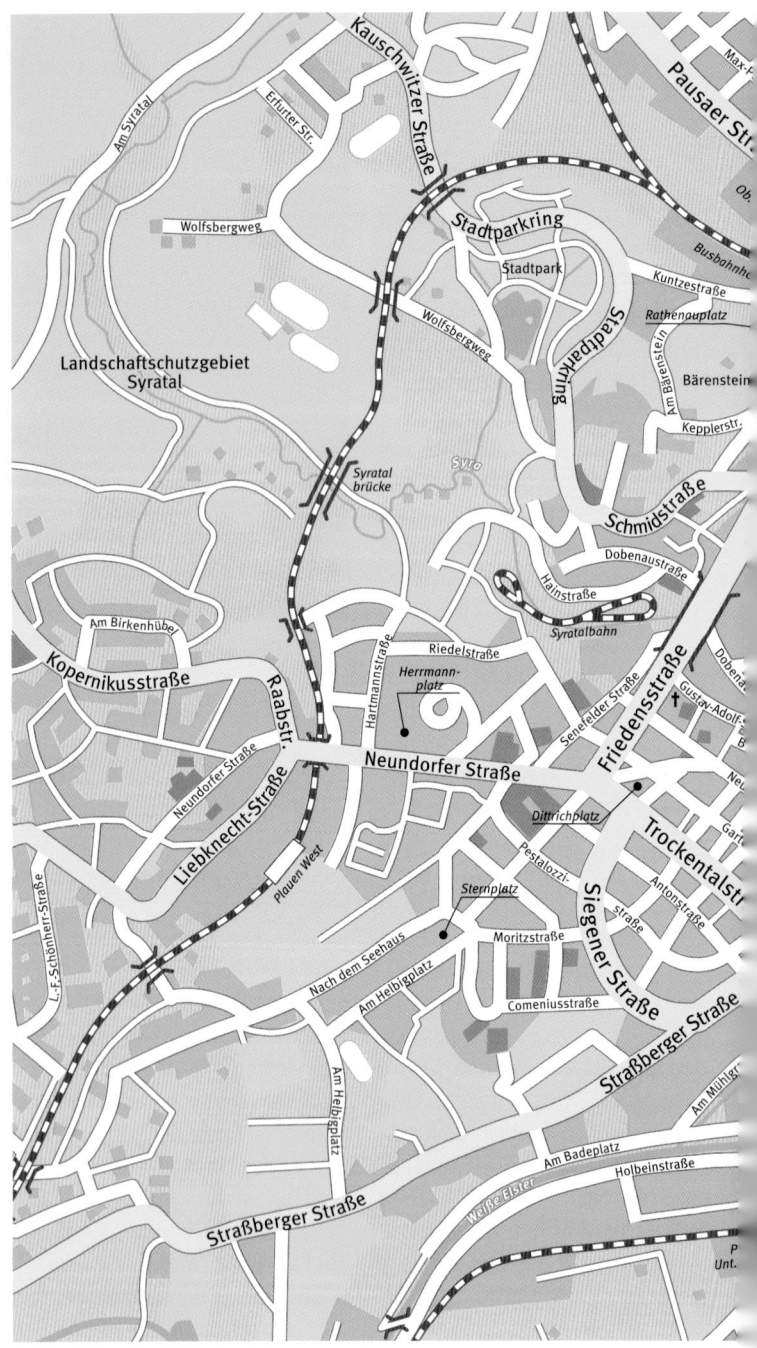

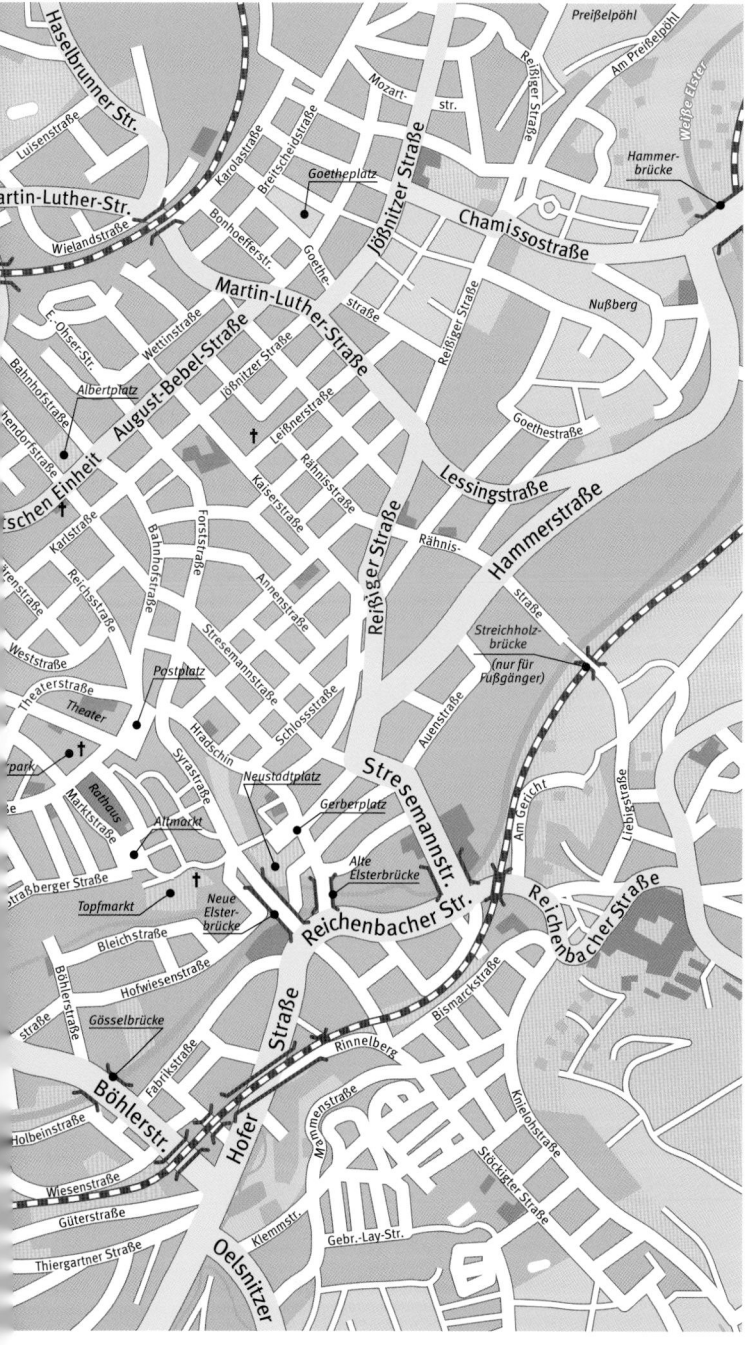

Erich Ohser (e. o. plauen)

Der Zeichner und Illustrator Erich Ohser wurde am 18. März 1903 als Sohn eines Zollbeamten in Untergettengrün geboren. Die Familie zog 1907 nach Plauen. Nach Schulbesuch und Schlosserlehre studierte Ohser ab 1920 an der Akademie für Graphische Künste und Buchgewerbe in Leipzig. 1920 stellte Ohser erstmals in Plauen aus. Wenig später beginnt die Freundschaft mit Erich Knauf, Redakteur der „Volkszeitung für das Vogtland" in Plauen sowie dem späteren Schriftsteller Erich Kästner, damals Literaturstudent in Leipzig. Das Trio geht nach Leipzig, später nach Berlin, wo Ohser ab 1928 als Pressezeichner arbeitet. Unter anderem entstehen Karikaturen für den sozialdemokratischen „Vorwärts". Diese Tätigkeit führt mit der Machtübernahme der Nationalsozialisten 1933 dazu, dass Ohser keine Arbeit mehr erhält. Dies gelingt erst 1934, als er durch die Initiative von Kurt Kusenberg unter dem Pseudonym „e. o. plauen" unpolitische Zeichnungen für die „Berliner Illustrierte Zeitung" liefern durfte. Mit der wöchentlich erscheinenden Serie „Vater und Sohn" wurde Ohser schnell deutschlandweit populär. Bis Dezember 1937 lief die Serie, danach hielt sich Ohser mit Illustrationen für Anekdotensammlungen, Werbeprospekte, Kultur- und Modezeitungen über Wasser. Als Zeichner für das nationalsozialistische Renommierblatt „Das Reich" ab

1940 war Ohser wieder politischer Karikaturist. Im privaten Umfeld machte Ohser, der mit der Illustratorin Marigard Bantzer (1905 bis 1999) verheiratet war, aus seiner Kritik am Nationalsozialismus keinen Hehl. Im Februar 1944 wurde er deshalb von einem Nachbarn denunziert und zusammen mit Knauf am 28. März 1944 verhaftet. Ohser erhängte sich am 6. April 1944, in der Nacht vor dem am Volksgerichtshof geplanten Prozess gegen ihn und Knauf, in seiner Zelle. *(hagr)*

Abb.: Selbstporträt des Zeichners e. o. plauen

kannte Café Trömel. Der sächsische König Friedrich August eröffnete im Jahr 1905 eine weitere Attraktion: die mit einer Spannweite von 90 Metern bis dahin größte Steinbogenbrücke der Welt, die heutige Friedensbrücke. Zu der Zeit war Plauen mit über 100.000 Einwohnern zur Großstadt geworden. Die Industrialisierung schritt voran, und in deren Folge wurde das neue Rathaus von 1912 bis 1922 mit einem 64 Meter hohen Turm errichtet. Doch bereits vor dem Ausbruch des Ersten Weltkrieges brach die Spitzenproduktion zusammen. Es war eine neue Mode gefragt. Zu einem weiteren Niedergang führte 1929 die Weltwirtschaftskrise. Die Fackel der Zerstörung loderte in der Stadt bereits vor den ersten Angriffen der englischen und amerikanischen Flieger: In der Nacht vom 9. zum 10. November 1938, bei der so genannten Reichskristallnacht, wurde die im Bauhausstil errichtete Jüdische Synagoge zerstört. In Plauen war damals die viertgrößte jüdische Gemeinde Sachsens ansässig. 1944 und 1945 starben bei 14 Luftangriffen 2343 Plauener. 75 Prozent der Stadt lagen in Schutt und Trümmern, als am 16. April amerikanische Truppen einmarschierten. Der Neuanfang ab Juli 1945 unter sowjetischem Einfluss begann mühsam. Die Stadt wurde nur langsam wieder aufgebaut, die Innenstadt dabei völlig neu gestaltet. Von 1975 bis 1986 wuchs das 6000 Wohnungen umfassende Neubaugebiet Chrieschwitzer Hang in die Höhe. Doch trotz aller Bemühungen wuchs die Unzufriedenheit in der Bevölkerung. Als Züge mit Ausreisewilligen vom 2. bis 5. Oktober 1989 den Plauener Bahnhof Richtung Hof passierten, hatte das Signalwirkung. Wahlbetrug, Versorgungsengpässe und Reisebeschränkungen veranlassten hunderte Bürger zu Unterschriftenaktionen. Am 7. Oktober, Tage vor den ersten großen Kundgebungen in Leipzig und Dresden, kam es in Plauen zum ersten Massenprotest in der DDR gegen das bestehende System. Rasant vollzog sich die Entwicklung nach der Grenzöffnung. Die Spitzenstadt musste ihren Platz im wiedervereinigten Deutschland neu bestimmen. Durch das Schließen von Baulücken und attraktiven Neubauten wandelte sich das Stadtbild. 1997 präsentierte sich Plauen beim Tag der Sachsen 380.000 Besuchern. Als Industriestandort gewann die Spitzenstadt wieder an Attraktivität.

Wer sich die Vergangenheit und Gegenwart Plauens erschließen möchte, dem bieten sich heute bei einer Visite viele Möglichkeiten. An vorderster Stelle steht ein Spaziergang in die Altstadt Plauens – dem Bereich um Kloster- und Altmarkt sowie in der Nobelstraße mit dem **Vogtlandmuseum** und

Plauener Spitze

War in Plauen zuerst die Tuchmacherei vorherrschend, begann sich die Stadt etwa ab dem 16. Jahrhundert mit der Herstellung von leichten, feinen Baumwollgeweben – den Schleiern – einen Namen zu machen. Um der großen Nachfrage Rechnung zu tragen, wurde von 1778 bis 1780 eine Kattundruckerei am Mühlgraben, das heutige Weisbachsche Haus, errichtet. Kriegswirren und das Überschwemmen des Marktes mit billigen englischen Garnen nach der Erfindung der Spinnmaschine zum Beginn des 19. Jahrhunderts setzten der Entwicklung ein Ende.

Das Besticken von Textilien war in Plauen bereits seit Mitte des 18. Jahrhunderts zu Hause. Zum Durchbruch verhalf der Stickerei ab 1810 die Frau des aus Reichenbach stammenden Baumwollwarenhändlers C. G. Krause. Sie führte die Plattstichstickerei ein. Ein neues Zeitalter begann 1857, als der Kaufmann Fedor Schnorr zwei Stickmaschinen aus der Schweiz nach Plauen schmuggelte. Der Einsatz der Maschinen bildete den Ausgangspunkt für den Beginn der Großproduktion von Stickereiwaren und die stürmische Entwicklung der Stadt. Die Geburtsstunde der Plauener Spitze schlug 1881, als es dem Kaufmann und Fabrikanten Theodor Bickel gelang, glatten Tüll ohne Unterlage zu besticken. 1883 stellten die Plauener Firmen Falke und Neubauer die „Ätz- oder Luftspitze" her. Das Herausätzen des Stickgrundes ersetzte das bis dahin übliche Herausschneiden des Gewebes. Es wurde eine Massenproduktion möglich und die Plauener Spitze unter den Namen Plauen-laces und Dentelles de Plauen zum weltbekannten Begriff.

Um genügend qualifizierte Designer zu haben, gründeten Industrielle 1877 die kunstgewerbliche Fachzeichenschule, die ab 1891 als königliche Kunstschule für die Ausbildung von Musterzeichnern sorgte. Ihr folgte 1899 die Fachschule für Maschinensticker. Auch die Maschinenbauer rasteten nicht. Die „J. C. und H. Dietrich, Plauen (Vogtland) Stickmaschinenfabrik", später Vomag, stellte ab 1881 Stickmaschinen her. Allein zum Einkauf von Textilien richteten die USA 1887 in Plauen ein Konsulat ein. In diesen Jahren vervielfachte sich die Einwohnerzahl der Stadt von 14.400 (1857) auf 128.014 (1912).

Spitzenproduktion in Plauen.

Die 2007 gewählte Spitzenprinzessin Sophie Gürtler.

Einen Höhepunkt bildete das Jahr 1900, als die Kollektion von elf Plauener Firmen und der königlichen Spitzenklöppelschule Schneeberg auf der Weltausstellung in Paris einen Grand Prix erhielt. Ab 1910 begann sich die Lage zu verschlechtern. Die Mode wurde sachlicher, der Bedarf an Spitze ging zurück. Außerdem brach infolge einer Wirtschaftskrise der Absatz des Großabnehmers USA von 1912 bis 1913 um 50 Prozent ein. Nach dem Ersten Weltkrieg erreichte die Stickereiindustrie nicht mehr die Bedeutung, die sie für Plauen zu Beginn des 20. Jahrhunderts besessen hatte.

Ab 1945 lebte die Spitzenherstellung nur langsam wieder auf. Die Unternehmen der Spitzen-, Gardinen- und Textilindustrie wurden 1950 zum VEB Plauener Spitze und 1979 zum Kombinat Deko mit 39.000 Beschäftigten zusammengefasst. Dass die Sticker ihre Kreativität nicht verloren hatten, bewiesen über 30 Goldmedaillen, die Plauener Spitzen bei der Leipziger Messe erhielt. Außerdem wurde 1955 das Spitzenfest aus der Taufe gehoben, das sich bis heute zum bedeutendsten Plauener Stadtfest entwickelt hat.

Für die meisten Firmen begann mit der politischen Wende 1989 der mühevolle Weg zurück in die Selbstständigkeit. Der Markennamen Plauener Spitze wurde geschützt.

Die Marketingbemühungen der vogtländischen Sticker werden seit 1996 durch die Wahl einer Spitzenprinzessin unterstützt. (lh)

Die alte Elsterbrücke mit der Johanniskirche im Hintergrund.

am Alten Teich mit dem **Malz-haus.** Hier laden einerseits Ausstellungen wie im Vogtlandmuseum und das einzige **Spitzenmuseum** Deutschlands sowie stadtgeschichtlich bedeutsame Stätten zu einem Rundgang ein.

Das Vogtlandmuseum an der Nobelstraße ist aus zwei Gründen bedeutsam: Eine Augenweide sind die nach langer Restaurierung in neuem Glanz erstrahlenden drei Museumsgebäude aus dem Ende des 18. Jahrhunderts. Eine ständige Ausstellung zeigt die Entwicklung des Vogtlands von der Urgeschichte bis in die Neuzeit. Eine zweite Schau gibt einen Überblick über das bildkünstlerische Schaffen seit dem letzten Drittel des 19. Jahrhunderts. Zudem schlummert in den Magazi-

nen neben den Nachlässen vieler namhafter Plauener eine etwa 2000 Stücke umfassende Sammlung historischer Waffen und Militaria – die bedeutendste Westsachsens. Neben dem Blick auf die Ausstellungen lohnt es sich für den Besucher, die reichen Stuckverzierungen der Räume zu betrachten. Drei Stilzimmer und der Festsaal geben einen originalen Eindruck von der Wohn- und Feierkultur der wohlhabenden Bürger, die die Gebäude vor über 200 Jahren gebaut haben.

Eine Außenstelle des Hauses, die Galerie „e. o. plauen" an der Bahnhofstraße 36, ist dem Leben und Wirken des Zeichners Erich Ohser gewidmet, dem Erfinder der Bildgeschichten von Vater und Sohn.

Die Entwicklung der Spitzen-industrie zeichnet das 1984 er-öffnete Spitzenmuseum nach. Schals, Tücher und komplette Spitzenkleider zeigen, welch reichhaltigen Besatz die Spitzen-mode einst verlangte. Zu sehen sind sowohl Hochzeitsgewänder als auch Alltags- und Sommer-kleider, die mit luftigen Orna-menten verziert sind. Maschinen verschiedener Epochen geben Einblicke in die Arbeitswelt. Un-tergebracht sind die filigranen Ex-ponate im dekorativen Renais-sanceteil des Alten Plauener Rathauses. Es entstand nach dem großen Stadtbrand von 1548. Zum Glück konnte die Stadt Eger die vom Rat der Stadt Plauen nach dem Brand angeforderte alte Ege-rer Stadtuhr nicht schicken. Der Hofer Uhrmachermeister Georg Pukaw wurde deshalb mit dem Bau der Kunstuhr beauftragt. Die Uhr zeigt Stunde und Minuten so-wie die Mondphasen an. Eine architektonische Besonderheit stellt das interessante Netzrippen-gewölbe dar, das den historischen Rathausflur abschließt.

Wer sein Wissen zur Stickerei ab-runden will, dem sei ein Besuch in der **Schaustickerei** am Obst-gartenweg 1 empfohlen. Dort können Besucher zuschauen, wie Generationen von Plauener Stickern die weltberühmten, fili-granen Spitzen hergestellt haben. In der Nähe des Altmarkts befin-det sich das **Malzhaus.** Das heu-tige Kommunikations- und Aus-stellungszentrum und das benachbarte Brauhaus wurden

Die belebte Bahnhofstraße mit dem Turm des Neuen Rathauses.

von 1726 bis 1730 auf den Resten der Burg der Grafen von Everstein errichtet. Die brauberechtigten Bürger der Stadt nutzten die Gebäude gemeinschaftlich als Brau- und Malzhaus. Es ist das einzige erhaltene Ensemble dieser Art in Sachsen. Nach umfangreichen Um- und Ausbauarbeiten öffnete 1995 hier eine Galerie ihre Pforten. Zu sehen ist dort vorwiegend angewandte und bildende Kunst aus der Gegenwart. Im Keller des Hauses finden im Gewölbe Konzerte statt. Dort wird der Goldene Eversteiner vergeben – der einzige Folkpreis Europas.

Unweit des Altmarktes befinden sich zwei das Stadtbild und die Geschichte Plauens prägende Kirchen. Der Weihe der **Johanniskirche** 1122 hat Plauen sein ältestes schriftliches Zeugnis zu verdanken. In den folgenden Jahrhunderten wurde das Gotteshaus mehrfach verändert und umgebaut. So erhielt die Kirche nach dem Brand von 1548 die spätgotische Halle mit Sterngewölbe und eingeschossiger Empore. Im 17. Jahrhundert wurden den Türmen die barocken Hauben aufgesetzt. Bei der Sanierung des Innenraumes in den 50er-Jahren bekam das Haus einen spätgotischen, geschnitzten Flügelaltar (um 1500) aus Neustädtel bei Schneeberg und eine barocke Kanzel, deren Haube musizierende Engel auf einer Wolke zeigt. Dass die Kirche die Bombardierungen im Zweiten

Weltkrieg überstanden hat, war dem stabilen Gewölbe zu verdanken. Es hielt stand, als der ausgebrannte Dachstuhl zusammenbrach.

Genau auf der anderen Seite des Altmarktes, hinter dem Neuen Rathaus, befindet sich die **Lutherkirche.** Das zweitälteste Gotteshaus Plauens wurde von 1693 bis 1722 als Friedhofskirche errichtet. Wenige Grabsteine zeugen heute noch davon, dass sich dort, wo sich heute eine Grünanlage erstreckt, einst ein Friedhof befand. Die Lutherkirche gilt als bedeutender barocker Zentralbau mit nachgotischen Formen. Schmuckstück ist der wertvolle Altar, der bis 1722 in der Leipziger Thomaskirche stand. Eine Gedenktafel erinnert an dem Rathaus zugewandten Eingang an die Demonstrationen im Wendeherbst 1989: Dort brannten als Zeichen des Widerstands wochenlang Kerzen auf den Stufen. Unweit der Kirche befindet sich der **Nonnenturm** – ein Teil der mittelalterlichen Stadtbefestigung Plauens. Das zum Beginn des 13. Jahrhunderts entstandene Bauwerk hat eine Wandstärke von zwei Metern. Sein Name weist darauf hin, dass in dem Gebäude früher Nonnen wohnten. Zu einem Besuch unter der Erde lädt das **Alaunbergwerk** „Ewiges Leben" ein. 1542 hatten zwei Bergleute aus dem erzgebirgischen Marienberg damit begonnen, in

1122 erstmals erwähnt: die Johanniskirche, im Vordergrund der Komturhof.

der Nähe der heutigen Reichsstraße Alaunschiefer abzubauen.
Das gewonnene Mineral wurde
zum Bleichen von Tüchern verwendet. Heute sind 300 der einst
etwa 560 Meter langen Grube, die
im Zweiten Weltkrieg als Luft-
schutzkeller dienten, zugänglich.
Vom Verein werden außerdem
das Luftschutzmuseum Meyerhof
und das gleichfalls unterirdische
Museum Zollkeller betreut.
Wie überall im Vogtland, so dürfen auch in Plauen bedeutende
Brücken nicht fehlen. 1244 wurde
die Alte Elsterbrücke über die
Weiße Elster erstmals erwähnt.
Das Bauwerk wurde 2007 saniert.

Ein architektonisches Meisterwerk ist das 1905 durch den Sach-
senkönig Friedrich August eingeweihte Syratalviadukt, die heutige **Friedensbrücke.** Sie besaß
bei ihrer Eröffnung den mit einer
Spannweite von 90 Metern größten Bogen der Welt. Im Zweiten
Weltkrieg hielt das Bauwerk
schweren Bombentreffern stand.
Obwohl sie zur Hälfte durchgeris-
sen war, konnte sie wieder repa-
riert werden.
Eine Plauener Besonderheit fährt
unter der Brücke: die **Parkeisenbahn.** Sie ist die größte mit einer
elektrischen Oberleitung verse-
hene Parkeisenbahn Deutsch-

Georg Samuel Dörffel

Die Wiege eines der bedeutendsten Astronomen der Geschichte stand in Plauen. Am 11. Oktober 1643 kam Georg Samuel Dörffel zur Welt. Der Sohn einer Pfarrersfamilie studierte ab dem 15. Lebensjahr Theologie in Leipzig und ab 1662 in Jena Physik, Mathema-

tik und Astronomie. In der Saalestadt wurde er durch den Mathematiker Erhard Weigel sowie durch Gottfried Wilhelm Leibniz in seinen naturwissenschaftlichen Neigungen bestärkt. Nach dem Erwerb der Magisterwürde mit einem physikalisch-mathematischen Thema 1663 sowie dem Abschluss des Theologiestudiums 1667 in Leipzig ging er nach Plauen zurück. In seiner Freizeit betätigte sich Dörffel als Hobby-Astronom und forschte mit Hilfe einfachster Instrumente. Nach

dem Tode seines Vaters 1672 folgte Dörffel diesem als Landdiakon für Straßberg und Oberlosa. Ebenfalls 1672 erschien sein erstes astronomisches Werk, das sich mit Kometen beschäftigte. Als sein astronomisches Hauptwerk gilt das 1681 in Plauen erschienene „Astronomische Beobachtung des großen Cometen, welcher A. 1680 und 1681 erschienen". Darin weist Dörffel nach, dass sich Kometen auf parabolischen Bahnen bewegen, in deren Brennpunkt die Sonne steht. Damit nahm er die Gravitationstheorie von Isaac Newton neun Jahre vorweg. Dörffel war der erste Beschreiber des Halleyschen Kometen. Er leistete seine Forschungen unter schwierigen Bedingungen. Neben unzureichender Ausrüstung kamen die Pflichten als Theologe (über 100 Predigten im Jahr), Familienvater (neun Kinder aus zwei Ehen) sowie als Landwirt. 1684 wurde Dörffel zum Superintendent nach Weida berufen, wo er am 6. August 1688 starb. Seine wissenschaftlichen Leistungen wurden erst 100 Jahre nach seinem Tod gewürdigt, unter anderem mit der Benennung eines Mondgebirges nach Dörffel. Eine von Rolf Magerkord gestaltete Plastik (Foto) erinnert in Plauen an den Astronomen. *(hagr)*

lands und dreht seit 1959 ihre Runden. Die Triebfahrzeuge stammen aus dem Bestand der Wismut und fuhren zum Teil unter Tage. Die Fahrt führt einen Kilometer am Ufer des Flüsschens Syra entlang.

Apropos Bahn: Eine weitere Besonderheit bietet die Plauener Straßenbahn. In dem von den Plauener liebevoll als „Bierelektrische" bezeichneten Triebwagen kann man sich die Stadt im Sitzen anschauen – und bei einem Glas Sekt, Bier oder Wein den Geschichten über Plauen lauschen. Der Triebwagen stammt aus dem Jahr 1905 und ist mit Holzsitzen ausgestattet.

Blick vom Bärensteinturm auf die Stadt.

Nicht nur wegen der Aufführungen ist das Plauener **Theater** sehenswert. Das Gebäude wurde 1898 nach den Plänen des in Leipzig wirkenden Architekten Arwed Rossbach im Stil der italienischen Hochrenaissance gebaut. Das Plauener Ensemble hat sich mit dem des Zwickauer Theaters zusammengeschlossen und bespielt beide Häuser.

Neben all den architektonischen, historischen und kulturellen Sehenswürdigkeiten hat Plauen jede Menge grüne Flecke zu bieten. Ein Geheimtipp ist aus zweierlei Gründen der Weg von der Johanniskirche zum Weisbachschen Haus, der am Mühlgraben entlangführt. Zum einen handelt es sich um einen malerischen Weg, der zum Spazieren einlädt,

zum anderen kommt der Fußgänger an den **Weberhäusern** vorbei. In den Gebäuden haben die Frauen des Vereins Unikat mehrere Kunstwerkstätten eingerichtet. Dort können sich Kinder bei Projekttagen oder Reisegruppen davon überzeugen, wie getöpfert wird und aus Filz Hüte oder Taschen hergestellt werden.

An den Rand Plauens muss sich begeben, wer den von 1905 bis 1910 angelegten **Stadtpark** erreichen möchte. Das 28 Hektar große Gelände bildet mit seinen herrlichen großen, alten Bäumen und den sich im Sommer in prachtvoll blühende Wiesen verwandelnden Flächen einen Ort der Entspannung. Zwei Restaurants mit Biergärten laden zur Einkehr ein. Im 1974 fertig gestellten Parktheater finden im Sommer zahl-

Der Nonnenturm im Herzen der Stadt.

reiche hochkarätige Veranstaltungen statt. Vom Stadtpark aus ist ein Spaziergang durch das romantische Syratal zurück in die Stadt zu empfehlen. Oder man erklimmt den 432 Meter hohen **Bärenstein,** auf dem ein 35 Meter hoher Turm steht. Von dessen Aussichtsplattform legt sich dem Betrachter die Stadt zu Füßen. Der bis zu den Bombenangriffen 1945 hier stehende Aussichtsturm wurde erst mit Eröffnung eines neuen im September 1997 ersetzt. Genau am anderen Ende der Stadt befindet sich auf dem 507 Meter hohen Kemmler eine 19 Meter hohe Bismarcksäule. Von diesem Aussichtspunkt bietet sich ebenfalls ein herrlicher Blick über Plauen und das Vogtland.

Auch wer aufs Bummeln setzt, ist in Plauen gut aufgehoben. Eine bunte Vielfalt von Einzelhändlern lädt vom Altmarkt bis zur Bahnhofstraße zum Einkaufen ein. Das Herz der Einkaufsstadt schlägt im Umkreis der Stadtgalerie und der Kolonnaden.

Wer Plauen erkunden möchte, kann das gern auf eigene Faust tun. Fachkundige Führungen bietet dagegen die Plauener Tourist-Information von Mai bis September dienstags und donnerstags an. Wer nach all dem noch die Lust und Kraft hat, kann sich im Sportpark Plauen austoben. Tennis- und Squashplätze, Bowlingbahnen, ein Fitness-Studio und Wellnessangebote laden zum Austoben und Entspannen ein.

Tourist-Information
✉ Unterer Graben 1
   08523 Plauen
✆ 0 37 41/1 94 33
www.plauen.de

Alaunbergwerk „Ewiges Leben"
Eingang Reichsstraße hinter
dem Einkaufszentrum Kolonnaden
Träger: Bergknappenverein
zu Plauen e. V., Gert Müller
✉ Bonhoefferstr. 140
   08525 Plauen
✆ 0 37 41/52 94 26 u. 01 79/1 30 31 63
Öffnungszeiten:
nach telefonischer Vereinbarung
www.alaunbergwerk-plauen.de

Theater Plauen-Zwickau
✉ Theaterplatz
   08523 Plauen
✆ 0 37 41/28 13 48 48 und 28 13 48 34
www.theater-plauen-zwickau.de

Vogtlandmuseum Plauen
✉ Nobelstr. 9 – 13
   08523 Plauen
✆ 0 37 41/2 91 24 10
Öffnungszeiten:
Di. – Do. 10 – 17 Uhr, Fr. 10 – 13 Uhr
Sa., So. und Feiertage 10 – 17 Uhr

Galerie „e. o. plauen"
✉ Bahnhofstr. 36
   08523 Plauen
✆ 0 37 41/2 91 23 43
Öffnungszeiten:
Di. – So. 13 – 17 Uhr, sonst nach Vereinbarung, bei Sonderausstellungen
veränderte Öffnungszeiten

Weberhäuser
Verein Unikat
✉ Bleichstr. 9 – 15
   08523 Plauen
Öffnungszeiten:
April bis September
Mo., Do. u. Fr. 9 – 13 Uhr
Di. 9 – 20 Uhr, Mi. 9 – 19 Uhr
Sa. 10 – 15 Uhr
www.weberhaeuser.de

Plauener Spitzenmuseum
✉ Altmarkt (im Alten Rathaus)
✆ 0 37 41/22 23 55
Öffnungszeiten:
Mo. – Fr. 10 – 17 Uhr, Sa. 9 –14 Uhr
www.plauenerspitze.info

Galerie im Malzhaus
✉ Alter Teich 7 bis 9
   08523 Plauen
✆ 0 37 41/15 32 32
Öffnungszeiten:
Di. – Sa. 13 – 18 Uhr
So. u. Feiertage 14 – 17 Uhr
www.kunstverein-plauen.de

Sportpark Plauen
✉ Nach dem Stadion 21
   08525 Plauen
✆ 0 37 41/54 95 20
www.sportpark-plauen.de

Domero – Hotel am Theater
Vier-Sterne-Hotel
✉ Theaterstr. 7
   08523 Plauen
✆ 0 37 41/12 10
www.domero.com

**Gastwirtschaft und Pension
„Matsch" und Café „Heimweh"**
Kleine, gemütliche Pension
im Herz der Stadt.
✉ Nobelstr. 1 bis 5
   08523 Plauen
☏ 0 37 41/20 48 07
www.matsch-plauen.de

Hotel Alexandra
Familiengeführtes Vier-Sterne-Hotel
✉ Bahnhofstr. 17
   08523 Plauen
☏ 0 37 41/22 14 14
www.hotel-alexandra-plauen.de

**Best Western Hotel
Am Straßberger Tor**
Vier-Sterne-Hotel
✉ Straßberger Str. 37 – 41
   08527 Plauen
☏ 0 37 41/2 87 00
www.strassberger-tor.bestwestern.de

Hotel Landhotel Zur Warth
Vier-Sterne-Hotel
✉ Steinsdorfer Str. 8
   08547 Plauen / OT Jößnitz
☏ 0 37 41/5 71 10
www.zurwarth.de

Schlosshotel Jößnitz
Für Romantiker: Das Hotel wurde in
einem ehemaligen Jagdschloss eingerichtet.
✉ Schlossstr. 2
   08547 Plauen / OT Jößnitz
☏ 0 37 41/57 77 50 und 52 11 87
www.hotel-romantica.de

**Jugendherberge Plauen
„Alte Feuerwache"**
✉ Neundorfer Str. 3
   08523 Plauen
☏ 0 37 41/14 83 76
www.djh-sachsen.de

Heinrich's
Das Lokal im Alten Rathaus
✉ Altmarkt 1a
   08523 Plauen
☏ 0 37 41/14 92 99
www.heinrichs-plauen.de

**Mexikanisches Restaurant
„mañana"**
✉ Dobenaustr. 5
   08523 Plauen
☏ 0 37 41/22 70 40
www.manana.de

**Thailändisches Restaurant
„Baan Thai"**
✉ Forststr. 1
   08523 Plauen
☏ 0 37 41/14 75 46

Theatercafé
✉ Theaterplatz 1
   08523 Plauen/Vogtland
☏ 0 37 41/27 68 02
www.theatercafe-plauen.de

Café Restaurant Trömel
✉ Klostermarkt 11
   08523 Plauen
☏ 0 37 41/22 44 77
www.cafetroemel.de

Filigrane Spitzenjacke im Spitzenmuseum.

Restaurant Tennera
✉ Tennera 20
   08525 Plauen
☎ 0 37 41/22 67 85

Club-Disco Prince
✉ Anton-Kraus-Str. 2
   08529 Plauen
☎ 0 37 41/71 91 99
Öffnungszeiten:
In den Ferien Do. 22 – 4 Uhr, jeden
1., 3. u. 4. Fr. im Monat 22 – 5 Uhr,
Sa. 22 – 5 Uhr sowie jeden Tag vor
einem Feiertag 22 – 5 Uhr
www.disco-prince.de

Diskothek Trend
✉ Hans-Sachs-Str. 19
   08525 Plauen
☎ 03 74 21/52 76 60
Öffnungszeiten:
Fr., Sa. ab 22 Uhr
www.trend-plauen.de

Jocketa

Jocketa ist zentraler Ort der rund
2800 Einwohner zählenden Gemeinde Pöhl und des Ferien-
zentrums an der gleichnamigen
Talsperre. Der Ort nahm einen
Aufschwung, nachdem durch den
Bau der auch als Vogtlandmeer
bezeichneten Talsperre ab 1958
der Ort Pöhl aufgegeben werden
musste. Die 59 Meter hohe und
312 Meter lange Schwergewichts-
staumauer wurde 1964 fertig gestellt. Der Stausee diente zum Be-
reitstellen von Brauchwasser für
die Industriebetriebe in Elsterberg und Greiz sowie zum Hochwasserschutz. Seit 1962 bilden
die Talsperre und ihr Umfeld
ein Landschaftsschutzgebiet. Mit
dem guten Fischbestand kommen die Angler auf ihre Kosten.

Mit 387 Hektar Wasserfläche ist die Talsperre Pöhl die drittgrößte in Sachsen.

Seit 1977 gibt es die Fahrgast-schifffahrt auf der Pöhl. Auf dem Sonnendeck der Motorschiffe „Pöhl" und „Plauen" haben jeweils 60, im Inneren 84 Menschen Platz. Die Saison reicht von Ende März bis Ende Oktober. Wer an der Talsperre übernachten will, der findet nicht nur zahlreiche Pensionen. Am Stausee selbst gibt es einen modern ausgestatteten Campingplatz mit großem Serviceangebot, dessen Leistungsstärke immer wieder mit Podiumsplätzen bei Bewertungen bestätigt wird. Auf der Talsperre finden jährlich zahlreiche Segel-Wettkämpfe statt. Es gibt einen Ruderbootverleih und eine Surf-schule. Schon im zu DDR-Zeiten

erschienenen Reiseführer „Baden ohne" wurde der FKK-Strand an der Talsperre als der südlichste Ostdeutschlands bezeichnet. Er befindet sich beim Ort Helmsgrün und ist mit einem Parkplatz ausgestattet.

An der Anlegestelle für Fahrgastschiffe des Stausees gibt es eine weitere Attraktion: einen Kletter-

wald. Tarzan gleich können sich dort Mutige auf fünf Parcours an Seilen von Baum zu Baum schwingen, über Seilbrücken und schwankende Bohlen laufen.

Einen unvergleichlichen Blick über den Stausee und das romantische Tal der Trieb erhalten Wanderer vom 1897 erbauten Turm, der seit der Mitte des 20. Jahrhunderts den Namen des Heimatdichters Julius Mosen trägt. Der auf dem Eisenberg nahe der Staumauer stehende Turm ist begehbar. An dem Berg befinden sich außerdem die Reste einer Wallanlage aus slawischer Zeit.

In **Liebau** gibt es die Ruine einer 1327 erstmals erwähnten Ritterburg. Sie war bis 1742 bewohnt. Heute laufen Bemühungen, die Reste zu erhalten. Seit 1991 findet in dem Gelände der Anlage jährlich ein Ruinenfest statt.

Einen 1648 erbauten Dreiseitenhof bekommt zu sehen, wer bei Möschwitz ins Elstertal hinabsteigt – den **Lochbauernhof.** Er beherbergt eine Gaststätte sowie einige Gästezimmer.

Befindet man sich einmal im Elstertal, kann man sich die Schönheiten dieses Landstrichs erschließen. Von den Romanti-kern erhielt ein Abschnitt an der Weißen Elster im 19. Jahrhundert den Beinamen „Schweiz". Der Name wurde gegeben, weil sich der Fluss zum Teil mehr als 100 Meter tief ins Gestein eingegraben hat. Besonders romantisch ist der als Steinigt bezeichnete, über zwei Kilometer lange Abschnitt zwischen Elsterberg und dem Ortsteil Rentzschmühle. Das Gebiet ist mit einem gut ausgebauten Wanderwegenetz erschlossen.

Einen Höhepunkt bildet die **Elstertalbrücke.** Um die Bahnlinie zwischen Leipzig und dem süddeutschen Raum einzurichten, wurden 1846 bis 1851 rund 12 Millionen Ziegelsteine verbaut. Nach der Sprengung des Mittelpfeilers in den letzten Tagen des Zweiten Weltkrieges wurde das Bauwerk von 1946 bis 1950 wieder aufgebaut.

Das Veranstaltungszentrum an der Talsperre Pöhl: Die Kapelle Neuensalz.

Die Elstertalbrücke.

Ferienzentrum
Vogtländische Schweiz
Zweckverband Talsperre Pöhl
✉ Hauptstr. 51
  08543 Pöhl-Möschwitz
✆ 03 74 39/45 00
www.poehl.de

Campingplatz Gunzenberg – Pöhl
Postanschrift:
Zweckverband Talsperre Pöhl
✉ Hauptstr. 51
  08543 Pöhl-Möschwitz
✆ 03 74 39/63 93
www.poehl.de

Anlegestelle der Fahrgastschifffahrt
Dampfer fahren von Ende März bis
Ende Oktober täglich von 9 – 18 Uhr,
bei Auslastung stündlich
✆ 03 74 39/63 72

Kapelle Neuensalz
✉ Altensalzer Str. 2
  08541 Neuensalz
✆ 0 37 41/41 32 90
www.kapelle-neuensalz.de

Landhotel „Alt-Jocketa"
Kleines, gemütliches Haus am
Rande des vogtländischen Meers
mit 27 Zimmern.
✉ Dorfaue 1
  08543 Pöhl / OT Jocketa
✆ 03 74 39/62 54
www.landhotel-altjocketa.de

Gasthof und Pension
„Zum Posthaus"
✉ Neudörfel 1
  08543 Pöhl / OT Jocketa
✆ 03 74 39/64 23
www.zumposthaus.de

Syrau

Zwei bedeutende Sehenswürdigkeiten hat die rund 1700 Einwohner zählende Gemeinde Syrau im
Norden von Plauen zu bieten:
eine **Tropfsteinhöhle** und eine
Windmühle. Die Höhle wurde
am 14. März 1928 durch einen Zufall entdeckt. Steinbruchmeister
Ludwig Undeutsch war am Syrauer Kalksteinbruch mit dem
Vorbereiten eines neuen Bohrlo-
ches beschäftigt, als ihm der Mei-
ßel aus der Hand rutschte und in
der Tiefe verschwand. Die Spalte
wurde erweitert und erkundet. Innerhalb einer Woche hatte sich
die Gemeinde für den Ausbau ent-

Durch einen Zufall entdeckt: Die Syrauer Höhle.

Bei der bis 1929 bewirtschafteten Windmühle handelt es sich um die einzige von ehemals 31 Anlagen im sächsischen Vogtland. Die Einrichtung der Turmholländerwindmühle ermöglicht Einblicke in die einstige Arbeitsweise der Müller. Die große Zahl von früher in der Region zu findenden Wassermühlen greifen die Orte Syrau, Leubnitz, Mühltroff und Pausa auf, indem sie sich zur touristischen Region „Mühlenviertel Vogtland" zusammengeschlossen haben.

schlossen und nach einem knappen halben Jahr vollendet, so dass die Höhle bereits am 18. September 1928 für die ersten Besucher freigegeben wurde. In der 550 Meter langen und etwa 14 Meter tief liegenden Karbonatkarsthöhle sind eine ganze Reihe eindrucksvoller Tropfsteine zu sehen. Allen voran die 50 Zentimeter lange Sinterfahne namens „Elefantenohr". In den Höhlen befinden sich mehrere miteinander verbundene Seen. Rund 350 Meter sind zugänglich. Bemerkenswert sind die Laser-Shows, die die unterirdische Welt in ein anderes Licht tauchen. Außerdem finden dort aufgrund der hervorragenden Akustik Konzerte statt. In der Höhle sind Trauungen möglich.

Drachenhöhle Syrau

✉ Höhlenberg 10

   08548 Syrau

✆ 03 74 31/37 35

Öffnungszeiten:

April – Oktober tägl. 9.30 – 17 Uhr

November – März tägl. 10 – 16 Uhr

Dezember und Januar auf Anfrage

www.syrau.de

Windmühle Syrau

✉ Fröbersgrüner Str.

   08548 Syrau

✆ 03 74 31/37 35 (Drachenhöhle)

Öffnungszeiten:

1. Mai – 3. Oktober tägl. 11 – 16.30 Uhr

Mai und September Mo. geschlossen

www.syrau.de

Landgasthof Haus Vogtland

✉ Bahnhofstr. 25

   08548 Syrau

✆ 03 74 31/33 42

@ info@haus-vogtland.de

Leubnitz

Das Wahrzeichen der etwa 1500 Einwohner zählenden Gemeinde ist das **Schloss.** Nachdem die alte Anlage abgebrannt war, wurde es im Jahr 1794 im frühklassizistischen Stil wieder aufgebaut. Ein etwa zwölf Hektar großer Landschaftspark kam 1890 dazu. 1946 wurde das Schloss samt Besitzungen enteignet. Zu DDR-Zeiten war darin unter anderem die Schule untergebracht. Nach deren Schließung 1998 standen viele Zimmer leer. Neues Leben zog ab 2002 ein: Nach einer Schenkung wurde mit dem Aufbau einer Heimatkunde- und Jagdausstellung mit Trophäen von Tieren aus der ganzen Welt begonnen. Daneben finden im repräsentativen Weißen Saal des Schlosses Konzerte statt und es sind Trauungen möglich.

Ständige Ausstellung im Schloss Leubnitz
✉ Am Park 1
  08539 Leubnitz
✆ 03 74 31/8 60 29
Öffnungszeiten:
Mo. u. Do. 9 – 13 Uhr,
Di. u. Mi. 9 – 16 Uhr, Sa. 13 – 16 Uhr
www.leubnitz.de

Pausa

Heute weiß keiner mehr genau, wie die Legende entstanden ist, dass sich in Pausa der **„Mittelpunkt der Erde"** befindet. Vielleicht deshalb, weil durch den Ort der 12. Längenkreis östlich von Greenwich verläuft. Als sichtbaren Beleg können sich die Gäste der rund 4100 Einwohner zählenden Stadt ein Ende der Erdachse ansehen. Es ragt in den unteren Räumen des 1892 erbauten Rathauses aus dem Felsen. Gegen ei-

Das 1794 errichtete Leubnitzer Schloss.

Das Pausaer Rathaus mit dem Globus auf dem Dach.

nen Obolus von 50 Cent kann der Achsstumpf besichtigt werden. Das Rathaus der 1263 erstmals urkundlich erwähnten Stadt wird von einem gläsernen Globus geziert, der einen Durchmesser von drei Metern hat. Nach einer Tradition obliegt es der Erdachsendeckelscharnierschmiernippelkommission dafür zu sorgen, dass sich die Erde immer ordentlich auf der Achse dreht. Dafür wird mit Hilfe hochprozentiger Schmiermittel gesorgt. Die Kommission mit dem langen Namen, so bezeichnen sie die Pausaer, ist ein eingetragener Verein mit zwölf Mitgliedern.

Wer genug vom Spaß um den Mittelpunkt der Erde hat, der kann auf den 84 Kilometer langen Wegen in der Pausaer Heide wandern gehen.

Bemerkenswert ist, dass die Stadt Pausa 1992 nach Sachsen zurückkam, nachdem sie zu DDR-Zeiten bei einer Gebietsreform 1952 dem zu Thüringen gehörenden Bezirk Gera zugeschlagen worden war. (lh)

Pausaer Rathaus
Öffnungszeiten der Erdachse:
Mo. – Fr. 9 – 16 Uhr
Sa., So. u. Feiertage 9.30 – 17.30 Uhr
www.stadt-pausa.de

Auerbach
und das obere Göltzschtal

Das Flüsschen Göltzsch bildet den Faden, der die meisten Gemeinden und Städte in dem Gebiet verbindet. Den Besucher erwarten landschaftlich reizvoll gelegene Orte mit einer interessanten Geschichte. Unbestrittenes Zentrum des Ostvogtlands ist Auerbach, die frühere „Pechstadt". Während im Göltzschtal im ausgehenden Mittelalter Bergbau und Pechsiederei wichtige Wirtschaftszweige waren, spielten später Weberei und Stickerei eine große Rolle. Heute gewinnt der Fremdenverkehr an Bedeutung. Traditionell sind die Orte Grünbach, Muldenberg und die zu Auerbach gehörenden Schnarrtanne und Beerheide dem Wintersport verbunden. Aber auch Wanderer kommen auf ihre Kosten. Wer die Bewegung in der wunderschönen Landschaft mit Kultur verbinden möchte, kann zahlreiche Museen und Veranstaltungen besuchen – oder im Bierdorf Wernesgrün ein kühles Bier genießen und ein Konzert im Brauereigutshof anhören.

Auerbach

Die Stadt ist im Laufe der Zeit aus dem Göltzschtal herausgewachsen. Heute leben hier 21.000 Menschen. Markant sind der Schlossturm sowie die Türme der Kirchen „Zum Heiligen Kreuz" und St. Laurentius, denen Auerbach den Beinamen Drei-Türme-Stadt zu verdanken hat.

Bereits 1282 wurde zum ersten Mal eine Burg unter dem Namen Urbach urkundlich erwähnt. Die Vögte von Plauen legten Auerbach mit einem gitterförmigen Grundriss im 14. Jahrhundert planmäßig an. In der Zeit entwickelten sich der Zinn- und Eisenerzbergbau, in dessen Folge die Stadt 1503 ein Bergamt erhielt und 1543 Bergstadt wurde. Da es Pechgewerkschaften und Pechhütten gab, erlangte Auerbach im 17. Jahrhundert unter dem Bei-

hunderts trug die Eröffnung der Eisenbahnstrecke bei. Ein Spiegelbild der stürmischen Entwicklung und des damit verbundenen Wachstums der Bevölkerung jener Zeit sind die zu Beginn des 20. Jahrhunderts errichteten Wohnhäuser im Klassizismus und Jugendstil. Eine große Rolle spielten in der Geschichte Auerbachs Bildungsanstalten wie das Königlich-Sächsische Lehrerseminar, eine Real-, Bürger-, Haushalt- und Weißwarenschule sowie einer Stickereifachschule, die die Tradition der Schulstadt seit der Gründung einer Knabenschule im Jahr 1529 fortsetzten. Das markante Wohngebiet im Westen Auerbachs entstand ab 1980. Rund um den Alt- und den Neumarkt erstreckt sich der historische Stadtkern mit den drei Türmen. Nach dem Stadtbrand von 1834 wurde die evangelische St.-Laurentius-Kirche als romantisch-neugotische Saalkirche wieder aufgebaut. Der Turm ist 52 Meter hoch. In der Kirche befindet sich eine Orgel der bekannten Dresdener Orgelbaufamilie Jehmlich. Der Schlossturm ist der letzte Überrest der ehemaligen Auerbacher Burg. Die Anlage wurde mehrfach zerstört. Auf die Reste setzte man 1909 den 43 Meter hohen Rundturm. Das Turmtrio vervollständigt der Turm der Katholischen Kirche „Zum Heiligen Kreuz". Sehenswert ist das Museum, untergebracht in einem

namen „Pechstadt" Bekanntheit. Zehn große Brände, die Pest und plündernde Soldaten des Dreißigjährigen Krieges veränderten das Gesicht der Stadt. Als neuer Wirtschaftszweig hielt 1775 die Herstellung von Kattunstoffen Einzug. Um 1800 entwickelte sich Auerbach zum wichtigsten Getreidehandelsplatz des Vogtlandes und des Westerzgebirges. Zu einem enormen Aufschwung in den Siebzigerjahren des 19. Jahrder ältesten Gebäude der Stadt. Die Dauerausstellung mit über 300 Stücken zur Stadtgeschichte wird von wechselnden Sonderschauen begleitet.

Wechselnde Ausstellungen und Konzerte von Rock bis Klassik finden in der 1792 errichteten **Nicolaikirche** statt. Als Kulturzentrum wurde sie 1992 nach umfassender Sanierung eröffnet.

Das Freibad im Ortsteil **Rebesgrün** lockt jährlich Besucher zu den Deutschen Meisterschaften im Wasserrutschen auf der längsten Wasserrutsche des Vogtlands an. Der Waldpark Grünheide – ein riesiges Freizeitareal – bietet vor allem Familien das ganze Jahr über die Möglichkeit zu einem erholsamen Aufenthalt. Die staatlich anerkannten Erho-

Der 43 Meter hohe Rundturm von Auerbach.

lungsorte Beerheide und Schnarrtanne laden zu Entspannung und langen Spaziergängen ein.

Interessant sowohl für Geschäftsleute als auch für Segelflieger ist der Verkehrslandeplatz Auerbach. Mit einer 800 Meter langen Asphaltpiste, einem Flugplatzgebäude und Flugzeughallen bietet der Platz optimale Voraussetzungen für alle Piloten, die sich für eine Landung in Auerbach entscheiden.

Fremdenverkehrsamt Auerbach

✉ Schlossstr. 10
    08209 Auerbach
✆ 0 37 44/8 14 50
www.stadt-auerbach.de

Museum Auerbach

✉ Schlossstr. 11
    08209 Auerbach
✆ 0 37 44/83 55 13
Öffnungszeiten:
Di./Do. 10 – 12 u. 13 – 17 Uhr
Mi./Fr. 10 – 12 u. 13 – 16 Uhr
Sa./So. und Feiertage 13 – 18 Uhr
www.stadt-auerbach.de

Göltzschtalgalerie Nicolaikirche

✉ Alte Rodewischer Str. 2
    08209 Auerbach
✆ 0 37 44/21 18 15
www.goeltzschtalgalerie-nicolaikirche.de

Flugplatzgesellschaft Auerbach mbH

✉ Zeppelinstr. 1
    08209 Auerbach
✆ 0 37 44/2 14 82
www.flugplatz-auerbach.de

65

Waldpark Grünheide

✉ 08209 Auerbach

✆ 0 37 44/83730 u. 8 37 31 01

www.waldpark.de

Falkenstein

Falkenstein bildet das südliche Ende der durchgehenden Besiedlung des Göltzschtals. Übergangslos schließen sich nach Norden hin Ellefeld, Auerbach und Rodewisch an. Zählt die gesamte Göltzschtalregion etwa 50.000 Einwohner, leben in Falkenstein davon etwa 10.000 Menschen.

Seine erste urkundliche Erwähnung hat das seit dem 12. Jahrhundert bestehende Falkenstein der Gründung einer Kirche am 4. April 1362 zu verdanken. Das Stadtrecht besitzt Falkenstein seit 1448. Seit 1469 durfte sich Falkenstein als Bergstadt – sie war die einzige Freie Bergstadt im Vogtland – bezeichnen. Nach den Zerstörungen des Dreißigjährigen Krieges (1618 bis 1648) fasste das Textilgewerbe Fuß. Der Nachbau einer Webemaschine führte 1764 dazu, dass die Stadt seit 1788 den Ehrennamen „Wiege des sächsischen Kammtuches" trägt. Die wirtschaftliche Entwicklung gipfelte im Bau der ersten Gardinenfabrik im Jahr 1844. Ein Stadtbrand legte 1859 große Teile Falkensteins in Schutt und Asche. Das gewachsene Selbstverständnis der Menschen drückte sich mit der Gründung der Sparkasse Falkenstein (1860), der Inbetriebnahme des Bahnhofes (1865) und der Weihe des neuen Rathauses

Die Falkensteiner Stadtkirche zum Heiligen Kreuz.

(1903) sowie in den zahlreichen Gründerzeit- und Jugendstilgebäuden aus. Im Frühjahr 1945 mussten durch den Beschuss amerikanischer Truppen elf Menschen sterben. 240 Gebäude wurden beschädigt. Einen letzten Höhepunkt hat die Textilindustrie 1968 erlebt. Damals wurden die Falkensteiner Gardinenhersteller zum Kombinat VEB Plauener Gardine – Werk Falgard zusammengelegt.

Moosmann

Auch wenn umgangssprachlich meistens vom Moosmann als Träger des Weihnachtslichtes die Rede ist, treten in den Sagen meistens die Moosweibeln in Erscheinung. Die Moosleutchen sind drei Ellen groß – das entsprich knapp einem Meter. Sie leben im Wald unter Wurzeln und sind meist ärmlich in Moos und Tannenzweige gekleidet. Sie haben nur einen Feind: den wilden Jäger, der ihnen nach dem Leben trachtet. Retten können sich die Naturgeister, wenn sie sich unter Wurzeln und Baumstämmen verstecken, in die ein Holzfäller drei Kreuze geschlagen hat. Den Menschen, besonders den Armen, waren die Sagengestalten freundlich gesinnt. Ihnen halfen sie, indem sie ihnen drei Hände voll Laub gaben, das sich in Gold verwandelte. In der „Ahnenfolge" stehen die Moosleutchen in einer Reihe mit Naturgeistern wie dem Rübezahl im Riesengebirge. Gestalt nahmen sie an, als sie von oft in bitterer Armut lebende Menschen aus Holz gebaut und mit Moos beklebt verkauft wurden. Drechsler und Schnitzer entwickelten die Figuren später weiter.

Heute klappern weniger Webstühle und Stickmaschinen. Es gibt noch einzelne Stickereibetriebe, die mit Betriebsverkäufen auf Besucher eingestellt sind. Neben Gewerbe versucht Falkenstein mit dem Fremdenverkehr zu punkten. Nicht nur die Nähe zu den Wander- und Wintersportgebieten des oberen Vogtlands lockt Besucher in die Stadt. Seit 1977 gibt es nahe der Stadt eine **Talsperre.** Der mit dichtem Wald umsäumte Stausee hat sich zu einem Erholungsgebiet entwickelt. In dem 1953 als „Station junge Naturforscher" gegründeten und um 2006 umgebauten **Tierpark** können Besucher etwa 70 Tierarten anschauen.

Wer etwas über die vogtländische Sagengestalt – den Moosmann – lernen möchte, der ist im **Museum** gut aufgehoben: Dort gibt es eine große Moosmannsammlung. Neben einem mechanischen Heimatberg erhalten Besucher in der vom Heimatverein betriebenen Ausstellung Einblicke in die Stadtgeschichte und die örtliche Schnitzkunst. Interessante Vorträge zum Natur- und Umweltschutz werden im Natur- und Umweltzentrum des Vogtlandkreises im Ortsteil Oberlauterbach angeboten.

Natur- und Umweltzentrum Vogtland
Rittergut Adlershof
✉ Treuener Str. 2
   08239 Falkenstein /
   OT Oberlauterbach
✆ 0 37 45/74 97 03
www.nuz-vogtland.de

Museum Falkenstein
✉ Schlossplatz 1
   08223 Falkenstein
✆ 0 37 45/60 76
Öffnungszeiten:
Sa./So. 13 – 17 Uhr
Sonderführungen auf Voranmeldung
www.stadt-falkenstein.de

Tiergarten Falkenstein
✉ Allee 9
   08223 Falkenstein
✆ 0 37 45/54 21
Öffnungszeiten:
Ende März – Ende Oktober
täglich 10 – 18 Uhr
Ende Oktober – Ende März
täglich 10 – 16 Uhr
Letzter Einlass 30 Minuten vor der Schließung.
www.stadt-falkenstein.de

Hotel Falkenstein
Drei-Sterne-Hotel
✉ Amtsstr. 1
   08223 Falkenstein
✆ 0 37 45/74 20
www.hotelfalkenstein.de

Grünbach

Der Höhenluftkurort erstreckt sich in einer Höhe von rund 700 Metern im Naturschutzgebiet „Oberes Göltzschtal". Empfehlenswert für Besucher sind der 732 Meter hohe Wendelstein nahe der Ortsmitte und das geologische Naturdenkmal Rehhübelfelsen (780 Meter). Rund um den Rehhübel beginnt das Loipennetz des Ortes, das Anschluss zur Kammloipe hat. Mit Ski, ohne Schnee auch zu Fuß oder mit dem Rad, kommt man schnell in den Ortsteil Muldenberg, wo seit 1992 in einem wieder hergerichteten Flößergraben jährlich Schauveranstaltungen im Scheitholzflößen stattfinden.

Nachdem der Flößerverein – der einzige Verein dieser Art in Sachsen – 2006 das Internationale Flößertreffen organisiert hatte, wurde Muldenberg 2007 mit dem Prädikat „1. Flößerdorf" ausgezeichnet. Im Ort bietet sich ein Besuch oder eine Umrundung der von dichten Fichtenwäldern umgebenen Talsperre an. Die Sperrmauer ist begehbar. Das Baden in dem Trinkwasserstausee ist verboten.

Vogtländischer Flößerverein Muldenberg e. V.
✉ Klingenthaler Str. 3-4
   08223 Grünbach / OT Muldenberg
✆ 03 74 65/67 64 und 40 97 87
www.floesser-verein.de

Hotel und Gasthof
Flößerstube Muldenberg
Drei-Sterne-Hotel
✉ Klingenthaler Str. 3
    08223 Grünbach / OT Muldenberg
✆ 03 74 65/67 64
www.floesserstube.de

Rodewisch

Für den 1411 erstmals erwähnten Ort (Stadtrecht seit 1924) mit heute etwa 7500 Einwohnern spielte das Wasser der Göltzsch beim Aufbau von Manufakturen im 18. Jahrhundert eine wichtige Rolle. Ab Mitte des 19. Jahrhunderts gaben den Menschen 25 Wäsche- und Weißwarenfabriken Lohn und Brot. Gehemmt wurde die Entwicklung durch die beiden Weltkriege. Bereits 1893 wurde in Rodewisch eine Landesheil- und Pflegeanstalt eingeweiht – das heutige Sächsische Krankenhaus für Psychiatrie und Neurologie.

Das Flüsschen Göltzsch umrahmt das kulturelle Kleinod der Stadt: die **Schlossinsel.** Das auffälligste Gebäude hier ist das leuchtend weiße Renaissanceschlösschen aus dem 15. Jahrhundert. In dem schmucken Gebäude finden Konzerte, Festveranstaltungen und vor allem Eheschließungen statt. Gleich daneben befindet sich das **Museum „Göltzsch",** das besonders durch seine Weihnachtsschauen bekannt geworden ist. Die auf der Schlossinsel zu sehenden Reste einer Burganlage aus dem 13. Jahrhundert wurden 1937 bis 1939 unter der Leitung von Professor Hans Nadler ausgegraben. Zu einem Blick in die Sterne laden die silbernen Kuppeln der **Schulsternwarte** und des **Planetariums** ein. Den Schwerpunkt der 1950 gegründeten Einrichtung bildet die Satellitenbeobachtung. Außerdem hat sich die Sternwarte als Zentrum für den astronomischen Tourismus etabliert, da im Gebäude des Planetariums auch bei schlechtem Wetter der aktuelle Sternenhimmel über dem Vogtland zu sehen ist.

Tourist-Information
✉ Schlossstr. 2 (im Museum)
    08228 Rodewisch
✆ 0 37 44/3 31 86
www.rodewisch.de

Das Renaissanceschlösschen Rodewisch.

Jürgen Hart

Der Kabarettist Jürgen Hart stammt aus Treuen. Geboren wurde er am 20. September 1942. Bereits während der Oberschulzeit in Auerbach unternahm er erste kabarettistische Versuche, die er während der Zeit des Wehrdienstes 1961 bis 1963 fortsetzte. Anschließend studierte er Lehrer für Deutsch und Musik an der Leipziger Karl-Marx-Universität. 1966 begründete er das Studentenkabinett „academixer" mit, das zunächst ein freies Tourneekabarett war. Von 1976 bis 1990 war Jürgen Hart Direktor der „academixer", erarbeitete gut 40 Kabarettprogramme, trat als Sänger mit sächsischen und satirischen Liedern auf. Sein größter Gesangserfolg war 1979 „Sing, mei Sachse, sing", zu dem er selbst den Text und Arndt Bause die Melodie schrieben. Die „academixer" erhielten 1980 eine feste Spielstätte in Leipzig. Seit 1991 arbeitete Jürgen Hart als freier Autor und Kabarettist, trat bei den „academixern" aber weiter als ständiger Gast und Gestalter von Programmen auf. Auch als Buchautor („Die unernste Geschichte Sachsens") war er aktiv. Jürgen Hart starb am 9. April 2002 in Leipzig nach schwerer Krankheit im Alter von 59 Jahren. Kurz vor seinem Tod war er mit dem sächsischen Verdienstorden ausgezeichnet worden. *(hagr)*

Erste Strophe des Sachsenliedes „Sing, mei Sachse, sing":
Der Sachse liebt das Reisen sehr.
Nu nee, ni das in'n Gnochen;
drum fährt er gerne hin und her
in sein'n drei Urlaubswochen.
Bis nunder nach Bulgarchen
dud er die Welt beschnarchen.
Und sin de Goffer noch so schwer,
und sin se voll, de Züche,
und isses Essen nich weit her:
Des gennt er zur Genüche!
Der Sachse dud nich gnietschen,
der Sachse singt 'n Liedschen!
Sing, mei Sachse, sing!
Es ist en eichen Ding.
Und ooch a düchtches Glück
um d'n Zauber der Musik.
Schon des gleenste Lied,
des leecht sich off's Gemüt.
Und macht dich oochenblicklich
zufrieden, ruhig und glücklich!

Die Sternwarte in Rodewisch.

Museum Rodewisch

✉ Schlossstr. 2

    08228 Rodewisch

✆ 0 37 44/3 31 86

Öffnungszeiten:

Di. – Do., Sa./So. 10 – 12 Uhr

und 13 bis 16.30 Uhr

www.rodewisch.de

Schulsternwarte und Planetarium

✉ Rützengrüner Str. 41

    08228 Rodewisch

✆ 0 37 44/3 23 13

www.sternwarte-rodewisch.de

Treuen

Aus der Reihe tanzt die Stadt Treuen, die nicht an der Göltzsch, sondern am Flüsschen Treba liegt.

Sehenswert ist das dortige **Fachwerkschloss.** Der zweigeschossige Bau aus der Spätrenaissance wurde um 1600 errichtet. Steuert man die Stadt an, bietet sich ein Besuch im Walderlebnisgarten des Ortsteils **Eich** an. In der Einrichtung des Forstbezirkes Plauen erhalten Kinder und Jugendliche auf spielerische Art und Weise Einblicke in die Forstarbeit, in Umweltschutz, Jagd. (lh)

Walderlebnisgarten Eich

Forstbezirk Plauen

✉ Europaratstr. 11

    08523 Plauen

✆ 0 37 41/10 48 05

@ ines.bimber@smul.sachsen.de

Oelsnitz und das Burgsteingebiet

Oelsnitz und Umgebung sowie das nahe Burgsteingebiet sind durch eine Vielfalt der Landschaftsformen gekennzeichnet. Bewaldete Kuppen und Täler, darin eingebettete kleine Dörfer, größere und kleine Waldstücke geben der Landschaft ein abwechslungsreiches Gepräge. Inmitten der sanft gegliederten Landschaft erstreckt sich im Elstertal zwischen Oelsnitz und Magwitz die eindrucksvolle Talsperre Pirk als beliebter Erholungsraum der Vogtländer, Dauercamper und Tagesgäste aus nah und fern.

Geschichtsträchtige Stätten wie das über 750 Jahre alte Schloss Voigtsberg bei Oelsnitz, die beiden Kirchenruinen des Burgsteins oder das Domizil des spätromantischen Malers Hermann Vogel in Krebes bieten neben den exzellenten Wandermöglichkeiten für Touristen einen interessanten Mix aus Natur und Kultur im Burgsteingebiet.

Oelsnitz

An verkehrsgünstiger Lage im Kreuzungspunkt mehrerer Handelsstraßen und dem Zusammenfluss von Hainbach und Weißer Elster befindet sich das 1200 erstmals erwähnte Oelsnitz, das seit 1357 Stadtrecht besitzt. Hervorgegangen ist die heute 12.000 Einwohner zählende Stadt aus einer slawischen Siedlung in der Elsteraue. Über diesem historischen Siedlungskern entstand auf einem Bergplateau im Anschluss an die 1225 erstmals nachweisbare Stadtkirche Sankt Jakobi innerhalb einer Stadtmauer eine Ackerbürger-Siedlung, deren Bewohner Handwerk, Gewerbe oder eine kleine Landwirtschaft betrieben. Neben der Weberei war im Mittelalter der Bergbau eine wichtige Industrie. Hinzu kamen die Bierproduktion, die Funde von Flussperlmuscheln in der Weißen Elster und ihren Nebenflüssen sowie die Bedeutung des Städtchens als

Handelsort für Waren aus der näheren Umgebung. Verheerende Brände, mehr als ein Dutzend seit 1431, sowie die völlige Vernichtung im Dreißigjährigen Krieg (1618–1648) am 13. August 1632 – damals wurden 500 Einwohnern ermordet – veränderten das Bild der Stadt nachhaltig. Nach dem letzten großen Feuer am 14. September 1859 entstanden weite Teile der Stadt völlig neu. Ein planmäßiger, rasterförmiger Stadtgrundriss bildete die Basis für den Wiederaufbau. Das spätklassizistische Ensemble rund um den Marktplatz ist sehenswert. Zu ihm zählt das von 1861 bis 1864 erbaute, turmgekrönte Rathaus.

Die **Stadtkirche Sankt Jakobi,** mit den 72 und 74 Metern hohen Doppeltürmen das Wahrzeichen der Stadt, beherbergt die im Jahre 2005 generalüberholte größte Orgel des Vogtlandes, ein Instrument aus der Dresdener Firma Gebrüder Jehmlich mit 4102 Pfeifen. Die als Friedhofskirche erbaute **Katharinenkirche** an der Egerstraße entstand 1616, überstand alle Zerstörungen der Stadt und wurde 2006 und 2007 zum Gemeinde- und Veranstaltungszentrum umgebaut.

Sehenswert ist ferner das **Zoephelsche Haus,** ein alter Gerberhof aus dem Jahre 1755 in Fachwerkbauweise, der heute die Stadtbibliothek und das Kultur- und Fremdenverkehrsamt beherbergt. Vor allem in der Elsteraue

erinnern trotz Gebäudeabrissen noch ausgedehnte Industriebauten an den rasanten wirtschaftlichen Aufstieg von Oelsnitz im letzten Drittel des 19. Jahrhunderts. Die Korsett-, später die Teppichindus-trie und Nachfolge-Industrien hoben die Stadt binnen weniger Jahre auf ein hohes wirtschaftliches Niveau. Die Halbmond-Teppichwerke und der Dessous-Hersteller Moritz Hendel & Söhne als ehemalige Leitbetriebe dieser Industrien sind noch vorhanden, aber hinsichtlich der Beschäftigtenzahl nicht mehr annähernd so bedeutend wie bis ins 20. Jahrhundert.

Bedeutendster Sohn der Stadt ist der Komponist Johann Rosenmüller, der von 1619 bis 1684 lebte. Prominente Oelsnitzer der Gegenwart sind die Sängerin Stefanie Hertel und ihr Vater Eberhard aus dem Stadtteil Lauterbach.

Zwei Kilometer außerhalb des Stadtzentrums befindet sich auf einem Bergsporn über dem Hainbachtal das **Schloss Voigtsberg,** die größte und bedeutendste Burganlage des oberen Vogtlandes. Sie erhielt ihren Namen nach heutiger Kenntnis von den Vögten von Voigtsberg, die 1249 erstmals urkundlich belegt sind, während die Schlossanlage mit dieser Bezeichnung erst 1317 erwähnt ist. Die Voigtsberger Vögte als Nebenlinie der Vögte von Straßberg hielten die Burg bis etwa 1320. Nach einer Übergangszeit fiel sie 1327 an die

Stefanie Hertel

Die populärste Oelsnitzerin ist die Sängerin Stefanie Hertel. Die Tochter des 1938 geborenen Volksmusiksängers Eberhard Hertel kam am 25. Juli 1979 in Oelsnitz zur Welt. Sie stand mit vier Jahren mit ihrem Vater erstmals in Falkenstein auf der Bühne. Mit sechs Jahren hatte sie ihren ersten Fernsehauftritt mit dem Titel „Ich wünsch mir einen kleinen Teddybär" in der Sendung „Oberhofer Bauernmarkt". 1991 nahm sie erstmals am Grand Prix der Volksmusik teil und belegte mit „So a Stückerl heile Welt" Platz fünf. Mit dem Lied „Über jedes Bacherl geht a Brückerl" gewann sie 1992 in Zürich diesen wichtigsten Wettbewerb der volkstümlichen Szene. Dem ließ sie drei Jahre später einen zweiten Platz folgen, als sie im Duett mit ihrem Lebensgefährten Stefan Mross das Stück „Ein Lied für jeden Sonnenstrahl" sang. In den folgenden Jahren traten beide zusammen, aber auch als Solisten auf. Die Melodien der aus der volkstümlichen Musik kommenden Stefanie Hertel verlagerten sich seit dieser Zeit in Richtung Schlager. Dafür stehen

Titel wie „Mambo Fieber" (2000). 2001 kam Johanna, die gemeinsame Tochter von Stefanie Hertel und Stefan Mross zur Welt. Im September 2006 heiratete das Paar in Florida, zwei Monate später wurden sie in der Kirche Sankt Kathrein in der Scharte in Hafling (Südtirol) kirchlich getraut. Die Oelsnitzerin erhielt in ihrer noch jungen Karriere viermal die Auszeichnung „Krone der Volksmusik" und dreimal die „Goldene Stimmgabel". Die Sängerin, die im Chiemgau und in Oelsnitz lebt, hat bislang 16 Alben produziert und tritt meistens im Trio mit Ehemann Stefan und Vater Eberhard – dieser feierte seit den 1990er-Jahren ein Comeback als Solist – regelmäßig im Vogtland auf. *(hagr)*

Plauener Vögte, 1356 an die Wettiner. Seit 1378 war die Burg für fast ein halbes Jahrtausend Sitz eines kurfürstlichen Amtes. Nach dessen Auszug 1855 diente das Schloss verschiedenen Zwecken, unter anderem als Gefängnis, Berufsschule, Museum. Der um 1900 im Zuge der Gefängnisnutzung erbaute Neuteil dient heute als Historisches Archiv des Vogtlandkreises. Im früheren Polytechnischen Kabinett wird ein Teppichmuseum aufgebaut, ins Torhaus soll eine Gaststätte ziehen. Für den Altteil des Schlosses ist eine künftige Nutzung durch Schauräume für eine Illustratoren-Ausstellung im Gespräch.

Fremdenverkehrsamt Oelsnitz im Zoephelschen Haus

✉ Grabenstr. 31
   08606 Oelsnitz
✆ 03 74 21/2 07 85
www.oelsnitz.de

Waldgaststätte und Pension Vorwerk

Familiengeführtes Haus mit einer über 100-jährigen Tradition.
✉ Familie Ehlert
   Forststr. 105
   08606 Oelsnitz
✆ 03 74 21/2 33 59
www.waldgaststaette-vorwerk.de

Schützenhaus Oelsnitz – Magic

✉ A.-Damaschke-Str. 57
   08606 Oelsnitz
✆ 03 74 21/2 31 69
Öffnungszeiten:
Fr. u. Sa. ab 22 Uhr
www.schuetzenhaus-oelsnitz.de

Der alte Teil des Schlosses Voigtsberg.

Talsperre Pirk

Zwischen 1935 und 1938 entstand im Tal der Weißen Elster zwischen Oelsnitz und Magwitz die Talsperre Pirk, vornehmlich für die Brauchwassergewinnung von Betrieben und den Hochwasserschutz. Für den Bau wurden einige Häuser und die Mühle des Weilers Dobeneck abgebrochen, außerdem die Eisenbahnlinie Plauen – Oelsnitz auf die andere Seite des Elstertales verlegt. Der am 6. Juli 1939 eingeweihte Stausee erfreute sich schon ab den Anfangsjahren mit Motorboot- und Ruderbootbetrieb großer Beliebtheit. Der Status als Naherholungsgebiet wurde in DDR-Zeiten weiter ausgebaut, wozu die Anlage von Campingplätzen, die jährlichen Strandfeste, das Aufkommen des Segelsports sowie die Ansiedlung einer Jugendherberge im alten Dobenecker Rittergut ab 1952 beitrugen.

Talsperre Pirk

✉ Am Strand 4
   08606 Oelsnitz
✆ 03 74 21/2 35 47
www.naherholung-talsperrepirk.de

Landhotel Zum grünen Baum
Bonbons sind Veranstaltungen wie Schaukochen mit Prominenten des singenden Gastwirtes Silvio Kuhnert.
✉ Straße zum Ferienheim 1
   08606 Oelsnitz / OT Taltitz
✆ 03 74 21/2 30 14
www.landhotel-taltitz.de

Jugendherberge Taltitz
✉ Dobenecker Weg 27
   08606 Oelsnitz / OT Taltitz
✆ 03 74 21/2 30 19
www.djh-sachsen.de

Burgsteingebiet

Eine Landschaft von besonderem Reiz ist das Gebiet um den 541 Meter hohen Burgstein, eine Erhebung mit zwei Kirchenruinen zwischen Krebes und Ruderitz. Landschaftliche Vielfalt, mit dem Abschnitt des Elstertals zwischen Türbel und Weischlitz oder dem Kemnitzbachtal einige der schönsten Täler des Vogtlandes und weitab vom großen Zeitgetriebe gelegene Orte wie Ruderitz gibt es in diesem Gebiet zu entdecken. Seinen Namen hat der Landstrich von dem ebenso sagenumwobenen wie besuchenswerten Burgstein, der 1479 erstmals erwähnt wurde. Die beiden Kirchenruinen befinden sich zwar nur wenige Meter voneinander entfernt, gehören jedoch zu unterschiedlichen Bistümern – Naumburg und Bamberg. Die Gebäude sind die Reste zweier Wallfahrtskirchen. Die Wallfahrt soll auf einer Marien-Erscheinung beruht haben. Der rege Zustrom von Pilgern und die durch sie erzielten Einnahmen führten zu großen Streitigkeiten zwischen beiden Bistümern. Am Burgstein gab es einst eine florierende Gaststätte, die nach fast 50 Jahren Leerstand

Hermann Vogel

Der Kunstmaler Hermann Vogel kam als Sohn eines Maurermeisters am 16. Oktober 1854 in Plauen zur Welt. Vogel studierte

zunächst Rechtswissenschaften, fand daran aber keinen rechten Gefallen und ging 1874 an die Dresdener Kunstakademie. Dort wurde er zum Schüler von Ludwig Richter. Doch auch hier fand Vogel keine Erfüllung, so dass er sich ab 1875 autodidaktisch weiterbildete. Vogel zeichnete für den Verlag Braun & Schneider, für die „Deutsche Jugend" von Julius Lohmeyer, illustrierte die „Fliegenden Blätter" und vor allem Märchen, so von Hans Christian Andersen und den Gebrüdern Grimm. Im Werk Vogels, der sich selbst als „romantisch-humoristischer" Illustrator bezeichnete, zeigt sich eine große Verbundenheit mit der vogtländischen Heimat – vor allem zum Burgsteingebiet. Im Dorf Krebes schuf er sich eine Künstlerklause, in der er einen Teil des Jahres lebte, während er die restlichen Monate in Dresden-Loschwitz verbrachte. Bereits zu Lebzeiten erfreute sich Vogel im Vogtland großer Beliebtheit, die sich bis heute erhalten hat. Seine letzte Ruhestätte fand er nach seinem Tod am 22. Februar 1921 auf dem Friedhof in Krebes. *(hagr)*

saniert wurde und heute zu besonderen Tagen geöffnet ist.

Nur ein Katzensprung ist es vom Burgstein nach Krebes, einer 1390 erstmals erwähnten Siedlung, die als vogtländische Heimat des spätromantischen Malers Hermann Vogel (1854 bis 1921) bemerkenswert ist. Vogel, gebürtiger Plauener, war ein „Aus-der-Zeit-Gefallener", ein Nachfolger Ludwig Richters, der mit poesievollen Naturgemälden, Märchenillustrationen und künstlerischen Vers-Bild-Kompositionen bis heute eine große Fangemeinde im Vogtland hat. Das Sommerhaus von Hermann Vogel, der auf dem Ortsfriedhof seine letzte Ruhestätte fand, ist heute von April bis

Oktober als Museum zu besichtigen und beherbergt außerdem eine Ferienwohnung. Ein zweites kleines Museum in Krebes ist das so genannte Altenhaus, das die frühere Lebensweise der vogtländischen Bauern dokumentiert.

Etwas von Museum hat auch das benachbarte **Ruderitz** an sich. Restaurierte Fachwerkgehöfte, kleine Häuschen, hübsche Bauerngärten und ein kürzlich restaurierter Gasthof aus dem 18. Jahrhundert lassen den Eindruck aufkommen, als sei die Zeit stehen geblieben.

Von Ruderitz ist nach einer kurzen Wegstrecke im Kemnitzbachtal aufwärts die **Kienmühle** zu erreichen, eine 1683 erstmals erwähnte Mahl- und Schneidmühle, die umfangreich saniert wurde. Talabwärts und durch einen Wanderweg erreichbar, befindet sich die Schafbrücke, ein Natursteinbogen aus dem Jahr 1652, über den einst ein Viehweg führte. Weiter talabwärts befindet sich an der Einmündung des von Geilsdorf kommenden Fliegenbachtals die **Neumühle,** einst eine florierende Ausflugsgaststätte, heute jedoch geschlossen. Besuchenswert ist sie wegen des 1961 angebohrten, Mitte der 1990er-Jahre versiegten und 2005 durch den Geologen Peter Seidel wieder geöffneten artesischen **Thermalbrunnen,** der stark eisenhaltiges Mineralwasser aus 771 Metern Tiefe spendet. Zwischen Pirk und Türbel überspannt die einst größte Steinbogenbrücke der Welt das Tal der Weißen Elster. 1938 war Baubeginn für den 623 Meter langen und 60 Meter hohen

Das Hermann-Vogel-Haus in Krebes.

Hugendubel
www.hugendubel.de
Alte Potsdamer Straße 7
10785 Berlin
Tel. 01801/484484

QUITTUNG

Plauen
3-8279-2519-3   5,50   1
Naturpark Erzgebirge/Vogtland
3-85491-670-1   7,50   1
        Total: 2   13,00 EUR

        Bar: 15,00 EUR
        Zurück: 2,00 EUR

Betrag enthält 0,85 EUR MWSt:
1: 7,00% =   0,85 Netto: 12,15
Steuernummer: 614/24904
10.03.2008 14:37:20 44-3-1130

                                  567

    Vielen Dank für Ihren Einkauf!
    USt-Identnr. DE130499587

Viadukt, das jedoch kriegsbedingt ab 1940 ein Torso blieb. Erst im Zuge der deutschen Vereinigung 1991/92 wurde weitergebaut. Seit 3. Oktober 1992 rollt der Verkehr auf der A 72 Chemnitz – Hof über die mächtigen Steinbögen. In **Geilsdorf** gibt es von der Gaststätte „Schöne Aussicht" einen traumhaften Blick ins Elstertal und das mittlere Vogtland. Das nahe der bayerischen Grenze gelegene **Heinersgrün** hat mit der weithin sichtbaren Kapelle Santa Clara eine besondere Sehenswürdigkeit. Die Wallfahrts- und Begräbniskapelle des lange im Ort ansässigen Adelsgeschlechts derer von Feilitzsch zählt zu den am schönsten gelegenen und eindrucksvollsten Kirchenbauten des Vogtlandes. In der politischen Gemeinde Burgstein sind heute 14 Orte vereinigt. Sie bilden die flächenmäßig größte Gemeinde des Vogtlandkreises. (hagr)

Gemeinde Burgstein
✉ Kemnitzer Str. 3
08538 Krebes
✆ 03 74 33/52 26
@ info@burgstein.de
www.burgstein.de

Museumshaus in Krebes
✉ Burgsteinstr. 12
08538 Krebes
✆ 03 74 33/54 45
Besichtigung jederzeit nach Anmeldung

Historischer Gasthof Ruderitz
Der von Freitag bis Sonntag Gasthof bietet ausschließlich vogtländische Speisen an.
✉ Ortsstr. 14
08538 Ruderitz
✆ 03 74 33/1 87 05 und 54 20

Staatsbäder Bad Elster und Bad Brambach mit Adorf

In der Südspitze des sächsischen Vogtlandes liegen die Kurorte Bad Elster und Bad Brambach, beides sächsische Staatsbäder, die Stadt Adorf, das „Tor zum oberen Vogtland" sowie kleine Orte wie Landwüst oder Raun mit typischer ländlicher Bebauung mit Fachwerkhäusern.

Die das Gebiet durchziehende Bundesstraße 92 passiert auf ihrem Weg in Richtung tschechische Grenze am Schönberger Kreuz einen niedrigen Pass zwischen Erz- und Fichtelgebirge. Die höchsten Erhebungen des auch als Elstergebirge bezeichneten, weitgehend bewaldeten Bergzuges sind der Kapellenberg (759 Meter) bei Schönberg sowie der Hainberg (757 Meter) im tschechischen Asch.

Das Vorhandensein vieler heilsamer Mineralquellen hat in den vergangenen 150 Jahren die Bedeutung des südlichen Vogtlandes als Erholungslandschaft befördert.

Adorf

Am Zusammenfluss der Weißen Elster mit dem Schwarzbach liegt an zentraler Stelle im oberen Vogtland die 5700-Einwohner-Stadt Adorf. Ihr Ursprung ist eine um 1200 entstandene Siedlung in der Flussaue.

Die eigentliche Stadt entstand am Ende des 13. Jahrhunderts auf einer Hochfläche über dem Elstertal; aus dem Jahr 1293 datiert der älteste Nachweis für Adorf als Stadt. Schon aus den Gründungszeiten stammt der längste **Marktplatz** des Vogtlandes (231 Meter), der sich von der Alten Stadtapotheke abfallend bis zur **Michaeliskirche** zieht. Die Kirche entstand 1904 bis 1906 anstelle eines älteren Sakralbaus im Jugendstil. Sie verfügt durch ihre klare Innengestaltung ohne Säuleneinbauten über eine ausgezeichnete Akustik. Dominiert wird der Markt daneben vom 1896 errichteten Rathaus. Einen Katzensprung ent-

Flussperlmuschel

Das sächsische Königshaus schätzte einst die vogtländischen Flussperlmuscheln wegen ihrer leicht rosa glänzenden Perlen. Schon August der Starke setzte im 17. Jahrhundert zur Bestandspflege einen Perlenfischer ein. Ein Zeugnis der Pracht vogtländischer Perlen ist eine Kette, die im Grünen Gewölbe in Dresden gezeigt wird. Seit Mitte des 19. Jahrhunderts wurden in Adorf Muschel- und Schneckenschalen aus allen Weltmeeren zu Geldbörsen, Schatullen und anderen Belegarbeiten verarbeitet. Von der Kunst kann man sich im Perlmuttmuseum Adorf überzeugen. In der 1993 eröffneten Schau sind etwa 700 vorwiegend aus vogtländischer Produktion stammende Stücke zu sehen.

Galten die Schutzbestimmungen der sächsischen Herrscher früher hauptsächlich dem Gewinn vieler wertvoller Perlen, kämpfen heute Umweltschützer ums Überleben der ursprünglich auf der gesamten Nordhalbkugel der Erde vorkommenden Art. Noch bis ins 20. Jahrhundert bildeten zehntausende Flussperlmuscheln in vogtländischen Bächen und Mühlgräben ganze Muschelbänke. Heute leben nur noch wenige hundert Exemplare in drei Bächen des oberen Vogtlands. (lh)

fernt, befindet sich das Freiberger Tor, das einzige erhaltene Stadttor des Vogtlandes. Darin ist das **Heimatmuseum** mit der größten Perlmuttausstellung Deutschlands untergebracht. Wie das elsterabwärts gelegene Oelsnitz profitierte Adorf in seiner historischen Entwicklung von einer verkehrsgünstigen Lage an Handelswegen und genügend Arbeitskräften, die im letzten Drittel des 19. Jahrhunderts die Herausbildung einer Industriestadt mit Textilwerken, Teppichfabrikation, Maschinenstickereien und der Perlmuttwarenfabrikation begünstigten.

Der tief greifende wirtschaftliche Wandel im ausgehenden 20. Jahrhundert war für Adorf ein gravierender Einschnitt, so dass heute das Stadtbild bis auf wenige produzierende Betriebe eher durch Kleingewerbe und Handel geprägt ist.

1995 entstand am Ortsausgang Richtung Bad Elster die Miniaturschauanlage **„Klein-Vogtland"**, in der von April bis Oktober vogtländische Sehenswürdigkeiten im Maßstab 1:25 und 1:100 zu sehen sind. Die Ausstellung und der benachbarte Botanische Garten mit besonderem Augenmerk auf alpine Flora zählen zum Komplex des Adorfer Museums. Im gleichen Areal befindet sich auch das Waldbad Adorf. Ein weiteres Ausflugsziel ist der Turm in Remtengrün.

Das Freiberger Tor in Adorf ist das einzig erhaltene Stadttor im Vogtland.

Fremdenverkehrsbüro Adorf

✉ Freiberger Str. 8
   08626 Adorf
✆ 03 74 23/ 22 47
www.adorf-vogtland.de

Museum Adorf

✉ Freiberger Tor
   08626 Adorf
✆ 03 74 32/ 22 47
Öffnungszeiten:
Di– Fr. 9 – 12 u. 13 – 17 Uhr
Sa. 10 – 12 u. 13 – 16 Uhr
So. und Feiertage 13 – 16 Uhr

Klein-Vogtland
und Botanischer Garten

✉ Waldbadstr.
   08626 Adorf
Öffnungszeiten:
April – Oktober täglich 10 – 18 Uhr
www.klein-vogtland.de

Hotel „Zur Staffel"

Drei-Sterne-Hotel
✉ Hohe Str. 2
   08626 Adorf
✆ 03 74 23/ 31 46 und 31 47
www.hotel-zur-staffel.de

Gaststätte „Zum Turm"

✉ Turmweg 14
   08626 Adorf / OT Remtengrün
✆ 03 74 23/ 23 34
@ wirt@turmland.de
www.turmland.de

Disco Glashaus

✉ Waldbadstr. 5
   08626 Adorf
✆ 03 74 22/ 7 43 23
Öffnungszeiten:
in der Regel Fr. ab 21 Uhr,
Sa. ab 20 Uhr
www. glaushaus.info

Bad Elster

Das Sächsische Staatsbad Bad Elster liegt in 491 Meter Höhe im Tal der Weißen Elster in einem durch bewaldete Bergrücken gebildeten Talkessel. Es zählt zu den ältesten Moorheilbädern Deutschlands. Das Weberdorf Elster wurde 1324 erstmals erwähnt. Es gruppierte sich um ein Rittergut des Adelsgeschlechts von Zedtwitz. 1669 wurde der Elstersäuerling (die heutige Moritzquelle) durch den Plauener Stadtphysikus Georg Leisner analysiert und die Heilwirkung des Wassers bestätigt. Der Kurbetrieb begann 1818. Schon ein Jahr zuvor hatte Johann Christoph Hilf (1783 bis 1885) auf Veranlassung des Markneukirchener Gerichtsdirektors Staudinger eine Kurkapelle gegründet. 1848 wurde Elster zum Königlich-Sächsischen Staatsbad erhoben, wenige Jahre später entstand das Gebäude-Ensemble am Badeplatz, das heute noch zum Teil erhalten ist. Seit 1875 führt der Ort den Namen Bad Elster, seit 1935 besitzt er Stadtrecht.

Die Besonderheit des 4000-Einwohner-Städtchens ist die harmonische Verbindung von Architektur und Natur, die im Wesentlichen auf den Königlichen Badegärtner Paul Schindel (1867 bis 1921) zurückgeht. Diese eindrucksvolle Symbiose wird vor allem im Albertpark, dem Kurpark sowie dem jetzt nach Schindel benannten Südpark deutlich. Den Kurbereich dominiert das 1909/10 errichtete Albertbad mit dem 1998 angebauten Schwimmbad Elsterado, das Kurhaus (1888, Umbauten in den 1930er-Jahren) sowie das 1914 als letztes sächsisches Hoftheater errichtete König-Albert-Theater. Weitere historische Veranstaltungsstätten sind die Musikpavillons, die 1928/29 errichtete Wandelhalle sowie das Naturtheater an der Waldquelle – 1911 als ältestes seiner Art in Sachsen errichtet und mehrere Jahre lang bis 2007 aufwändig saniert und umgebaut.

Die seit 2002 bestehende Chursächsische Veranstaltungs GmbH

Marienquelle in Bad Elster.

Das König-Albert-Bad in Bad Elster.

Bad Elster hat sich das Ziel gesetzt, den Ruf des Kurortes als Festspielstadt zu begründen. Dazu tragen mehr als 1000 Veranstaltungen jährlich in Bad Elster und Bad Brambach bei. Neben den benannten Gebäuden lohnen ein Besuch in der mit goldener Statue geschmückten Marienquellenhalle, des Sächsischen Bademuseums in der an die Wandelhalle angebauten Salzquellenhalle sowie ein Gang durch die Straßen der Stadt mit ihren sehenswerten Villen. Bad Elster ist umgeben von einem 48 Kilometer langen Terrainkurwegesystem, das durch einen 18 Kilometer langen Ringweg miteinander verbunden ist und den Gästen unterschiedliche Touren ermöglicht.

Stadtverwaltung Bad Elster

✉ Kirchplatz 1
 08645 Bad Elster
✆ 03 74 37/5 66 10
www.badelster.de

Parkhotel Helene
Familiengeführtes Drei-Sterne-Hotel am König-Albert-Park
✉ Parkstr. 33
 08645 Bad Elster
✆ 03 74 37/5 00
www.parkhotel-helene.de

Bademuseum
Salzquelle im Kurpark
Öffnungszeiten:
Di. – So. 14.30 – 18 Uhr
www.stadt-badelster.de

Bambes

Von fast keinem vogtländischen Weihnachtsmarkt sind die Bambes wegzudenken. Neben den Griegenifften (Grünen Klößen) und der Zuedelsuppe (einer Art Kartoffelsuppe) zählen sie zu den „Nationalspeisen" der Vogtländer. Dabei werden rohe Kartoffeln gerieben und ausgedrückt. Das ausgedrückte Stärkewasser wird durch die gleiche Menge Buttermilch ersetzt und mit fein geschnittenen Zwiebeln, Salz und Pfeffer sowie ein wenig Mehl verrührt. Das Gemisch wird in heißem Öl in etwa handtellergroßen Fladen auf beiden Seiten knusprig gebraten. In anderen Rezepten werden anstelle von Buttermilch und Mehl zwei bis drei Eier verarbeitet. Gereicht werden Bambes mit Blau- oder Preiselbeeren oder Gulasch. In jedem Fall schmecken sie frisch am besten.

Hotel Goldener Anker

Familiengeführtes Drei-Sterne-Haus am Gondelteich

✉ Walther-Rathenau-Str. 9
    08645 Bad Elster

✆ 03 74 37/55 80 u. 33 22

www.anker-badelster.de

Theatercafé und Sachsenhof-Stübl

✉ Badstr. 21
    08645 Bad Elster

✆ 03 74 37/5 34 66

Restaurant Callas

✉ Badstr. 25 (im Kurhaus)
    08645 Bad Elster

✆ 03 74 37/5 36 93

www.restaurant-callas.de

Bad Brambach

Während das wenige Kilometer entfernte Bad Elster in seinen Blütezeiten die Bedeutung eines Weltbades genoss, blieb der zweite obervogtländische Kurort Bad Brambach, das auf Trink- und Badekuren setzte, stets eher ländlich geprägt. Dazu trug bei, dass sich das schön gelegene und immer einen Besuch werte Kurgelände an den Ort anschließt, ohne wie in Bad Elster damit verbunden zu sein.

Im 1154 erstmals erwähnten Ort wurden um 1700 Mineralwässer entdeckt. Die Entdeckung der stärksten Radonquelle der Welt 1910 zog den sich ab 1912/13 etablierenden Kurbetrieb nach sich. Seit 1922 hieß der heute 2100 Einwohner zählende Ort Radiumbad Brambach, seit den 1960er-Jahren des 20. Jahrhunderts Bad Brambach. Kernstück des Kurgeländes sind das Kurmittelhaus mit dem angebauten Bad Aquadon sowie die Wandelhalle mit Gondelteich. Ab 1993 entstand ein **Heimatmuseum** in einem fast 200 Jahre alten Hof. Die nach dem Brand von 1842 errichtete **Michaeliskirche** wurde nach 1990 saniert.

Gemeindeverwaltung Bad Brambach

✉ Adorfer Str. 1

  08648 Bad Brambach

✆ 03 74 38/2 03 28 u. 2 03 29

www.badbrambach.de

Ramada Hotel Bad Brambach Resort

Vier-Sterne-Hotel

✉ Badstr. 45

  08648 Bad Brambach

✆ 03 74 38/21 00

www.ramada.de

Jugendherberge Bad Brambach

✉ Röthenbach 4

  08648 Bad Brambach

✆ 03 74 38/2 05 41

www.djh-sachsen.de

Raun und Schönberg

Südlichster Ort Sachsens ist Schönberg am Kapellenberg, nur einen Kilometer vom Grenzübergang nach Vojtanov/Tschechien entfernt gelegen. Der einst als Sommerfrische beliebte Ort wird überragt vom 759 Meter hohen Kapellenberg, den seit 1993 wieder ein Aussichtsturm krönt. Der Vorgängerturm von 1931 war 1982 wegen der Nähe zur Grenze abgetragen worden. In Schönberg befindet sich das über 500 Jahre alte Schloss, bis 1945 Besitz des Adelgeschlechts derer von Reitzenstein. Nach jahrelangem Verfall wird das Gebäude seit wenigen Jahren saniert und lädt zu Ausstellungen und alle zwei Jahre zum Schlossfest ein. Dazu gibt es ein Café. Außerdem sind Trauungen möglich.

Schönberg ist ebenso ein Ortsteil von Bad Brambach wie Raun. Das 1378 erstmals erwähnte Raun verfügt über ein denkmalgeschütztes Ortsensemble aus Fachwerkhäusern im Egerländer Stil. Die **Kapelle** zählt zu den ältesten Dorfkapellen des Vogtlandes. (hagr)

Musikwinkel und Waldgebiet

Auf den Namen Musikwinkel wurde der Landstrich um Klingenthal und Markneukirchen vom Zwotaer Mundartdichter Max Schmerler (1873 bis 1960) getauft. Der Bau von Musikinstrumenten spielt dort seit etwa 350 Jahren eine dominierende Rolle. Über 100 Handwerks- und Industriebetriebe setzen im Fertigen fast aller Arten von Orchesterinstrumenten sowie dem passenden Zubehör bis heute weltweit Maßstäbe. Aus der Tradition hat sich bis heute die Musikalität der Region mit zahlreichen Orchestern, Musikgruppen, Institutionen und bedeutenden Veranstaltungen wie den Internationalen Instrumentalwettbewerben entwickelt. Bei der wissenschaftlichen Arbeit kommt heute kein Fachmann mehr an den Sammlungen der Region wie dem Musikinstrumenten-Museum Markneukirchen vorbei. Doch weit gefehlt, wer die Region auf den Bau von Instrumenten reduziert. Der landschaftlich reizvolle Musikwinkel samt dem angrenzenden Waldgebiet sind das Wintersportzentrum des Vogtlands. An den zum Teil steilen Hängen kann man das kleine Einmaleins des alpinen Skifahrens erlernen und in den oft tief

Bogenbaumeister Günter Hoyer.

verschneiten Wäldern auf kilometerlangen Loipen seine Bahnen ziehen. Wenn die Sonne das Eis in Höhen um 800 Meter oft erst bis Anfang April weggeleckt hat, wechselt das Publikum: Wanderer und Radfahrer tummeln sich auf allzeit gut gepflegten Wegen. Doch finden in dem zum Naturpark Erzgebirge-Vogtland gehörenden Landstrich auch Menschen Erholung, die einfach die Ruhe in der Natur genießen wollen.

Mit dem Fertigstellen der neuen Klingenthaler Schanze im Dezember 2005 wurde die Wintersporttradition wieder belebt, die seitdem die weltbesten Skispringer und Nordisch Kombinierten zu Weltcups sommers wie winters in die Region führt.

Erlbach

Wer die knapp 2000 Einwohner zählende Gemeinde besucht, wird schnell feststellen, dass sie den Beinamen „landschaftliche Perle des Vogtlands" zu Recht erhalten hat. Am Schwarzbach gelegen, wird der direkt an der Grenze zu Tschechien gelegene Ort an drei Seiten vom Elstergebirge eingerahmt.

Nadelwälder und Bergwiesen üben zu allen Jahreszeiten ihre Reize auf Aktivurlauber und Ruhe suchende aus. Das Wanderwege- und das Loipennetz lassen keine Wünsche offen. Wer den Alpin-

skisport pflegt, der ist am 703 Meter hohen Kegelberg mit seiner gut 700 Meter langen Piste gut aufgehoben.

Die Geschichte der Gemeinde wird im **Obervogtländischen Dorfmuseum,** einem Doppelstubenblockhaus aus dem Jahr 1726, vermittelt. Einen Einblick in die Lebensweise der Menschen vor über 100 Jahren ermöglicht zudem das 1995 eröffnete Freilichtmuseum im Ortsteil Eubabrunn. Die drei originalgetreu eingerichteten Bauernhöfe stammen aus der Zeit um 1720.

Ein echtes, naturtrübes „Erlbacher Zwickelbier" kann probieren, wer das **Brauhaus** des Ortes besucht. Dort werden mehrere Sorten untergärige Biere nach dem Deutschen Reinheitsgebot von 1516 gebraut. Das passende Essen gibt es in einer Gaststätte.

Touristinformation Erlbach
✉ Klingenthaler Str. 1
   08265 Erlbach
✆ 03 74 22/62 25
www.erlbach-vogtland.de

Vogtländisches Freilichtmuseum Eubabrunn
✉ Waldstr. 2A
   08265 Erlbach / OT Eubabrunn
✆ 03 74 22/65 36
Öffnungszeiten:
Di. – So. u. Feiertage 10 – 17 Uhr
Führung außerhalb der Öffnungszeiten nach Vereinbarungen.
www.freilichtmuseum-eubabrunn.de

Obervogtländisches Dorfmuseum Erlbach

☎ 03 74 22/62 25 und 61 33

Öffnungszeiten:

Mai – September

Di. – So. 14 bis 16 Uhr

Oktober bis April

nur auf Anmeldung

Erlbacher Brauhaus

Handwerkliche Schaubrauerei

✉ Klingenthaler Str. 12

08265 Erlbach

☎ 03 74 22/63 84 u. 01 71/7 11 49 31

www.erlbacher-brauhaus.de

Landhotel Lindenhöhe

Drei-Sterne-Hotel

✉ Hetzschen 10

08265 Erlbach

☎ 03 74 22/7 49 00

www.landhotel-lindenhoehe.de

Klingenthal

Gänsehautatmosphäre war am Nachmittag des 7. Februar 2007 auf der neu gebauten Klingenthaler Schanze am Schwarzberg zu erleben: Bei Schneetreiben segelten in der **Vogtland-Arena,** getragen vom stürmischen Applaus der gut 20.000 Zuschauer, die weltbesten Skispringer zu Tal. Nach einer Pause von 21 Jahren kehrte der Weltcup ins obere Vogtland zurück. Lange Zeit sah es so aus, als ob nach der Sprengung der Aschbergschanze am 26. September 1990 nie wieder hochkarätige Wintersportveranstaltungen im

Vogtland stattfinden sollten. Neben dem Besichtigen der mit ihrem futuristischen Aussehen als modernste Großschanze Europas geltenden Anlage ist ein Ausflug zur kleineren Vogtlandschanze bei Mühlleithen empfehlenswert. Wettkämpfe auf Schnee sind in Klingenthal bereits seit dem Anfang des 20. Jahrhunderts zu Hause.

In der Mitte des 19. Jahrhunderts galt die Stadt als das größte deutsche Harmonikazentrum. 1862 gab es in Klingenthal und Umgebung 20 Fabriken mit 334 Arbeitern. Die Jahresproduktion belief sich damals auf 214.500 Akkordeons. Zusammengefasst werden diese beiden Besonderheiten der Region im Musik- und Winter-

Die Rundkirche von Klingenthal.

Tausende Zuschauer warten in der Vogtland-Arena auf die Skispringer.

sportmuseum der heute knapp 9000 Einwohner zählenden Stadt. Dort erhalten die Besucher sowohl Informationen über den Akkordeonbau als auch über die vogtländischen Wintersportler, die Dutzende Medaillen bei Olympischen Spielen und Weltmeisterschaften gesammelt haben.

Wie Akkordeons und Harmonikas gefertigt werden, können Besucher hautnah in der Klingenthaler **Schaumanufaktur** erleben. Das Heimatmuseum in der Klingenthaler Nachbargemeinde **Zwota** widmet sich dem Thema der Mund- und Handharmonikas. Unter den über 1000 so genannten Zungeninstrumenten befinden sich neben Spitzenmodellen aus den Klingenthaler Werken auch solche der legendären Bandonionfabrik „Arnold" aus Carlsfeld im Erzgebirge.

Wer Wintersport betreiben möchte, hat im Klingenthaler Ortsteil **Mühlleithen** die Gelegenheit dazu: Sozusagen als Rückgrat führt die mehr als 800 Meter hoch gelegene Kammloipe in die Richtungen Schöneck und Johanngeorgenstadt. Die Rippen dazu bilden Loipen unterschiedlicher Längen, die Klingenthal mit den umliegenden Orten verbinden. Daneben gibt es Skilifte mit Pisten verschiedener Schwierigkeitsgrade. Im Sommer stehen die Loipen als Wege den Wanderern offen. In dem Ort eröffnete in

jedem Jahr eine Sommerrodel-
bahn, sobald der letzte Schnee
geschmolzen ist. Die 800 Meter
lange Bahn windet sich in elf Kur-
ven ins Tal. Auf den Winter setzen
dagegen die Betreiber der Eisbahn
in Klingenthal – der einzigen im
Vogtland.
Einen Besuch wert ist die 1737 erbaute barocke Rundkirche „Zum
Friedefürst", die bis zur Weihe der
Dresdener Frauenkirche im Oktober 2005 der größte Bau dieser Art
in Sachsen war. In dem auf drei
Emporen bis zu 900 Menschen
Platz bietenden Gotteshaus finden
neben den Gottesdiensten anspruchsvolle Konzerte statt.
Wer sich einen Überblick über
den Ort verschaffen möchte, der
kann das von einem 32 Meter hohen Aussichtsturm tun, der unweit der Jugendherberge in einer
Höhe von 917 Metern steht. Er ist
täglich von 8 bis 20 Uhr geöffnet.
Allein die beiden Grizzlybären
sind einen Besuch des Klingenthaler **Tierparks** wert. Die Anlage
wurde 1963 gegründet und beherbergt heute etwa 400 Tiere.

Touristinformation Klingenthal

✉ Schlossstr. 3
   08248 Klingenthal
✆ 03 74 67/6 48 32
Schneetelefon 03 74 67/2 24 94
www.klingenthal.de
www.kammloipe.de

Vogtland-Arena

Die Anlage ist täglich von 10 bis
18 Uhr für Führungen geöffnet.
Gruppenführungen können unter
Telefon 03 74 67/28 08 60 vereinbart
werden.

Musik- und Wintersportmuseum Klingenthal

✉ Schlossstr. 3
   08248 Klingenthal
✆ 03 74 67/6 48 25
@ museum@klingenthal.de
Öffnungszeiten:
Di. – Fr. 10 – 16 Uhr, Sa./So. 11 – 16 Uhr

Harmonikamuseum Zwota

✉ Kirchstr. 2
   08267 Zwota
✆ 03 74 67/2 22 62 und 6 48 27
Öffnungszeiten:
Di. 9 – 16.30 Uhr, Mi. 10 – 16 Uhr,
Do. 9 – 15.30 Uhr
Führungen von Gruppen nach Vereinbarungen möglich.
www.harmonikamuseum-zwota.de

Tierpark Klingenthal

✉ Richard-Wagner-Höhe
   08248 Klingenthal
✆ 03 74 67/2 23 97
@ tierpark@klingenthal.de
Öffnungszeiten:
täglich 9 – 18 Uhr, im Winterhalbjahr
bis zum Einbruch der Dunkelheit

Sommerrodelbahn Mühlleithen

✆ 03 74 65/4 56 80
Öffnungszeiten:
Mo. – Fr. 13 – 17 Uhr, Sa. u. So. sowie
in den Schulferien täglich 10 – 17 Uhr

Wintersporterfolge

Die sächsische Wiege des Skisports stand in Klingenthal. Der Lehrer Erwin Beck, aus Zschopau in die Stadt am Aschberg gekommen, unternahm 1886 die ersten Skitouren in der Region. Den Namen der Stadt trug als erster der Schuhmacher Walter Glaß I in die Welt hinaus. Er gewann 1927 die Meisterschaften in Österreich und der Schweiz in der Nordischen Kombination. 1928 war er in St. Moritz (Schweiz) der erste sächsische Teilnehmer an Olympischen Winterspielen.

Zur Legende geworden ist der Klingenthaler Harry Glaß. Er gewann bei den Olympischen Spielen 1956 in Cortina d' Ampezzo (Italien) die Bronzemedaille im Skispringen – es war die erste Olympiamedaille eines deutschen Sportlers im nordischen Skisport.

Danach ging es mit Erfolgen von Wintersportlern aus dem Vogtland Schlag auf Schlag. Hier einige Beispiele: Der Klingenthaler Heinz Wosipiwo stellte 1973 in Oberstdorf mit 169 Metern einen Weltrekord im Skifliegen auf. Gert-Dietmar Klause, Gerd Heßler und Jürgen Meinel holten 1974 in Fa-

lun (Schweden) mit dem Thüringer Gerhard Grimmer in der Langlauf-Staffel den Weltmeistertitel. Ein Jahr später gewann Klause als erster Nichtskandinavier den seit 1922 ausgetragen Wasalauf über 86 Kilometer von Sälen nach Mora. Matthias Buse holte 1978 im finnischen Lahti einen Weltmeistertitel im Skispringen. 1980 in Lake Placid (USA) wurde die Langläuferin Marlies Rostock-Fraas mit der DDR-Staffel Olympiasiegerin. Manfred Deckert sicherte sich 1982 bislang als einziger Vogtländer den Sieg bei der Vierschanzentournee. Klaus Ostwald siegte 1983 in Harrachov (Tschechische Republik) bei der Weltmeisterschaft im Skifliegen.

Heute steht der Namen Björn Kircheisen für die Klingenthaler Erfolge. Der Vizeweltmeister in der Nordischen Kombination kommt aus Johanngeorgenstadt und trainiert am Landesleistungszentrum Klingenthal. Bis heute haben Sportler aus dem Vogtland und in Klingenthal Trainierende über 40 Medaillen bei Olympischen Winterspielen und Weltmeisterschaften in nordischen Sportarten geholt. (tm)

Waldhotel Vogtland

Moderne Anlage mit 43 Zimmern mitten im Loipen- und Wandergebiet

✉ Floßgrabenweg 1
   08248 Klingenthal

✆ 03 74 65/45 60

www.waldhotel-vogtland.de

Gasthof und Pension „Zum Postillion"

Das Gasthaus mit neun Gästezimmern blickt auf eine über 200-jährige Tradition als Gaststätte zurück.

✉ Auerbacher Str. 146
   08248 Klingenthal

✆ 03 74 67/54 00

www.zum-postillion.de

Ferienhotel Mühlleithen

Familiengeführtes Haus am Skigebiet

✉ Waldstr. 4
   08248 Klingenthal / OT Mühlleithen

✆ 03 74 65/22 01

www.ferienhotel-muehlleithen.de

Tanzcenter Gambrinus Klingenthal

✉ Auerbacher Str. 44
   08248 Klingenthal

✆ 03 74 21/2 32 42

Öffnungszeiten: Freitag und Samstag ab 22 Uhr.

www.gambrinus-klingenthal.de

Markneukirchen

Neben Klingenthal wurde wohl kaum eine Stadt bis in die Gegenwart so stark durch den Instru-

Foto S. 92:
Skisprung-Legende Harry Glaß.

mentenbau geprägt wie das heute etwa 7 200 Einwohner zählende Markneukirchen. Böhmische Exulanten – Flüchtlinge, die ihre Heimat wegen ihres protestantischen Glaubens verlassen mussten – begründeten in der landschaftlich reizvoll gelegenen Stadt ab Mitte des 17. Jahrhunderts die Tradition des Instrumentenbaus. Ein Meilenstein war der 6. März 1677 – der Gründungstag einer Geigenmacherinnung in Markneukirchen, die deutschlandweit einzige, die bis heute besteht. An die zwölf Gründer aus Böhmen erinnert das bronzene Geigenmacherdenkmal, das am **Musikinstrumenten-Museum** zu sehen ist. Bereits das spätbarocke Bürgerhaus, in dem das Museum untergebracht ist, ist ein Blickfang und verleiht dem Aufenthalt eine besondere Atmosphäre. Es wurde 1784 vom Markneukirchener Ratszimmermeister Johann Adam Mönnig errichtet und beherbergt eine Sammlung von rund 3000 Instrumenten aus aller Welt. Etwa 1500 davon sind in der Dauerausstellung zu sehen. Die Sammlung zählt zu den bedeutendsten ihrer Art in Europa. Mehrmals im Jahr präsentieren hier die Instrumentenbauer ihre Handwerkskunst. Zum Museumsensemble der Stadt gehört das um 1700 errichtete **Gerber-Hans-Haus,** das bis zum Jahr 2006 aufwändig saniert wurde. Dort befinden sich nicht nur das Tourismusbüro und die

Musikinstrumentenbau

Die Ansiedlung der böhmischen Exulanten im oberen Vogtland und die Gründung der Geigenmacherinnung 1677 in Markneukirchen lösten eine Entwicklung aus, die im Instrumentenbau ihresgleichen sucht. Auf die Geigenbauer folgten die Bogenmacher und die Saitenhersteller. Mit der Ansiedlung weiterer Gattungen des Instrumentenbaus wie Holz- und Blechblasinstrumente wurde zum Anfang des 18. Jahrhunderts im Musikwinkel fast die ganze Palette der Orchesterinstrumente und deren Zubehör hergestellt. Werkstätten wurden auch in den benachbarten Orten sowie in Klingenthal gegründet. 1913 betrug der Anteil am Welthandel bei Saiten 75, bei Harmonikas über 50 sowie bei Streich- und Zupfinstrumenten etwa 40 Prozent.

Von 1893 bis 1916 unterhielt die USA in Markneukirchen ein Generalkonsulat, das hauptsächlich für den Kauf und Export von Instrumenten in die USA eingerichtet wurde. In Klingenthal fasste ab den 30er-Jahren des 19. Jahrhunderts der Mundharmonikabau Fuß, dem der Handharmonikabau folgte. Die Herstellung anderer Instrumentengattungen trat in den Hintergrund. Die Entwicklung von Handwerksbetrieben zu Fabriken vollzog sich in der Stadt zum Beginn des 20. Jahrhunderts. Im Jahr 1929 exportierten Klingenthaler Fabriken etwa 30 Millionen Mundharmonikas und 600.000 Akkordeons. Nach dem Zweiten Weltkrieg blieben zwar die Produktionsstandorte und -ausrichtungen im Musikwinkel im wesentlichen erhalten, aber es gab mit der Gründung volkseigener Betriebe und der bewuss-ten Unterdrückung der kleinen Handwerksstätten umfassende strukturelle Veränderungen, die nach 1989 teilweise wieder rückgängig gemacht wurden. Während die hauptsächlich in Handwerksbetrieben unterhaltene Produktion in und um Markneukirchen erhalten blieb und sich die Instrumentenbaumeister neue Absatzmärkte suchten, war der Verkauf der großen Betriebe durch die Treuhand mit hohem Verlust an Arbeitsplätzen verbunden. Die Akkordeonproduktion in Klingenthal war davon in großem Maße betroffen, wobei die Ursachen dafür unter anderem in der starken Ausrichtung des Exports nach Osteuropa zu suchen waren.

In den 90er-Jahren des 20. Jahrhunderts kehrten einzelne Instrumentenbauer, die nach dem Zweiten Weltkrieg nach Westdeutschland gegangen waren, wieder ins Vogtland zurück. Es kam darüberhinaus zur Neugründung von Firmen für Musikinstrumente und Zubehör, sodass im vogtländischen Musikwinkel auch heute noch alle Arten an Streich-, Zupf-, Blas-, Harmonikainstrumenten und Zubehör hergestellt werden — wenn auch nicht mehr in so hoher Stückzahl wie um 1900, aber dafür in einem nicht zu übertreffenden Preis-Leistungs-Verhältnis. (lh)

Kasse zur Musikinstrumenten-schau – die Besucher können einen Handelskontor aus dem Ende des 19. Jahrhunderts und mehrere Instrumentenbauerwerkstätten besichtigen.

Eine andere Musikwelt zeigt die **Musikwerkausstellung** von Wolfgang Hüttel im Markneukirchener Ortsteil Wohlhausen. In seinem Haus hat er eine etwa 100 Stücke umfassende Sammlung mechanischer Musikinstrumente aus ganz Europa zusammengetragen. Alle Stücke – vom ohrenbetäubenden Orchestrion vom Rummelplatz bis zur trällernden Singvogeldose – sind funktionstüchtig, was der Sammler den Besuchern gern beweist.

Im Sommer 2007 eröffnete die **Firma Warwick** in der im Jugendstil erbauten Brehmer-Villa ein **Werksmuseum.** Zu sehen sind dort Gitarren der lengendären Marke Framus, mit denen das Unternehmen Musikgeschichte geschrieben hat. Zu den berühmten Künstlern, die ein Framus-Instrument spielten, gehören John Lennon und der ehemalige Rolling Stone Bill Wyman. Welchen Stellenwert der Instrumentenbau für die Region auch heute noch einnimmt, wird daran deutlich, dass die Westsächsische Hochschule Zwickau in der Stadt eine Außenstelle unterhält. Hier wird der Studiengang Musikinstrumentenbau unterrichtet. Eine Augenweide ist die im Auf-

Gitarrenbaumeister Eberhard Kreul bei der Arbeit.

trag des Fabrikanten Curt Merz von 1900 – 1903 errichtete Villa, in der diese Schule untergebracht ist. In der Architektur des in den Neunzigerjahren des 20. Jahrhunderts sanierten Hauses vereinen sich Elemente von Neobarock und Jugendstil. Sehenswert ist auch die 1848 geweihte **St.-Nicolai-Kirche.** In dem Gotteshaus befindet sich die einzige Orgel des thüringischen Orgelbauers Johann Friedrich Schulze in Sachsen. Es finden regelmäßig Konzerte statt. Aufführungen kann man auch in der Musikhalle lauschen. Im 1995 errichteten Konzerthaus finden über 900 Besucher einen Sitzplatz.

Wer die Stadt verlässt, kann auf den benachbarten Höhenzügen wandern. Auf dem Oberen Berg

Im Musikinstrumenten-Museum von Markneukirchen.

lädt die im Jahr 1900 errichtete Bismarcksäule zum Rundblick ein. Sie gilt als die älteste ihrer Art in Sachsen.

Ein weiteres lohnendes Ausflugsziel bildet das **Vogtländische Freilichtmuseum** von Landwüst. Dort können sich die Besucher davon überzeugen, wie das Leben zu Uromas Zeiten gemeistert wurde. Zu verdanken haben sie das unter anderem der Sammelleidenschaft von Walter Wunderlich. Er trug einen Teil der heute 12.000 Sachzeugen zusammen, die in den Häusern von vier Höfen bestaunt werden können. Bemerkenswert ist, dass die Häuser nicht aus allen Gegenden des Vogtlands zu einem künstlichen Dorf zusammen getragen worden sind, sondern dort stehen, wo sie

einst errichtet worden sind. Zu den Besonderheiten des 1968 eröffneten Museums gehört der Fachwerkgiebel im 1782 errichteten Wohnstallhaus. Das Gebäude mit Einflüssen aus dem benachbarten Egerland wurde 1782 errichtet. Beim Besucher hinterlässt das Museum einen lebendigen Eindruck. Dazu tragen bewirtschaftete Beete und freilaufende Hühner bei. Veranstaltungen wie Musik aus der Scheune und Museumstage runden das Angebot ab.

Am oberen Ende des Ortes, unweit der sehenswerten **Dorfkirche St. Laurentius,** befindet sich der 664 Meter hohe Wirtsberg. Von dessen Gipfelbauwerk – im Volksmund „Zitronenpresse" genannt – ist bei gutem Wetter ein weiter Rundblick möglich.

Tourismusbüro Markneukirchen

✉ Trobitzschen 14
08258 Markneukirchen
☎ 037422/40775
www.markneukirchen.de
www.musikhalle-markneukirchen.de

**Musikinstrumenten-Museum
Markneukirchen**

✉ Bienengarten 2
08258 Markneukirchen
☎ 03 74 22/20 18
Öffnungszeiten:
April bis Oktober
Di. – So. u. Feiertage 10 – 17 Uhr
November bis März
10 bis 16 Uhr
Einlass bis eine Stunde
vor Schließung
www.museum-markneukirchen.de

Das klingende Gasthaus Alpenhof
Hotel-Restaurant
In dem familiengeführten Haus spielt
der Chef auf Anfrage jedem Gast ein
Ständchen auf dem Alphorn.
✉ Markneukirchener Str. 34
08258 Markneukirchen /
OT Breitenfeld
☎ 03 74 22/23 23
www.alpenhof-breitenfeld.de

**Berggasthof
„Heiterer Blick"**
Das familiengeführte Hotel mit seinen
sieben Zimmern ist abseits der
großen Straßen eine Oase der Ruhe.
✉ Oberer Berg 54
08258 Markneukirchen
☎ 03 74 22/26 96
www.heiterer-blick.de

Musikwerkschau Wolfgang Hüttel

✉ Hauptstr. 10
08258 Markneukirchen /
OT Wohlhausen
☎ 03 74 22/20 69
Öffnungszeiten: täglich 9 bis 18 Uhr

Schöneck

Zwischen 700 und 800 Metern über dem Meeresspiegel gelegen, gilt Schöneck als die höchstgelegene Stadt des Vogtlands. Und wer das etwa 3600 Einwohner zählende Schöneck bei klarem Wetter besucht, wird schnell feststellen, dass es zu Recht den Beinamen „Balkon des Vogtlands" trägt. Hat man doch aus etwa 800 Metern Höhe einen herrlichen Ausblick in das von Südwesten nach Norden abfallende Land. Elster- und Fichtelgebirge und der Thüringer Wald breiten sich vor den Augen des Betrachters aus.
Bereits um die Wende vom 19. zum 20. Jahrhundert hat sich die kleine Stadt zum Erholungsort entwickelt. Neben dem traditionell in der Region ansässigen Instrumentenbau war die Zigarrenherstellung bis ins 20. Jahrhundert eine Besonderheit. Die Ruhe und die würzige Gebirgsluft in den weiten Fichtenwäldern locken bis heute Erholung Suchende an. In der warmen Jahreszeit empfehlen sich Wanderungen oder Mountainbike-Touren auf dem gut ausgeschilderten Wegenetz. Die Höhenlage sichert den

Julius Mosen

Als Sohn eines Dorfschullehrers wurde der Dichter Julius Mosen am 8. Juli 1803 in Marieney geboren. Nach dem Schulbesuch auf dem

Plauener Gymnasium studierte er Jura in Jena. Gönner und erste Veröffentlichungen ermöglichten ihm 1824/25 eine Italienreise. Ab 1828 versah Mosen eine juristische Hilfstätigkeit in Markneukirchen, 1831 wurde er Gerichtsschreiber in Kohren-Sahlis. In dieser Zeit wandte er sich verstärkt dem dichterischen Schaffen zu. Sein Andreas-Hofer-Lied „Zu Mantua in Banden" von 1832 machte ihn deutschlandweit populär. 1834 ging Mosen als Advokat nach Dresden. Sein schriftstellerisches Werk umfasst neben den Gedichten und Liedern Novellen, Romane und historische Dramen, wobei das lyrische Oeuvre den größten Verbreitungsgrad erreichte. Mit der Übernahme der Stelle als Dramaturg am Großherzoglichen Hoftheater in Oldenburg 1844 suchte Mosen seine Vorstellungen von einem deutschen Nationaltheater zu verwirklichen. Schwierigkeiten bei der Umsetzung dieser Ideen, vor allem aber sich bald einstellende körperliche Leiden machten dem zeitlebens seiner vogtländischen Heimat eng verbundenen Dichter zu schaffen. In seinen unvollendet gebliebenen Erinnerungen beschrieb Mosen seine Kindheit in der schon früh besungenen vogtländischen Heimat („Wo auf hohen Tannenspitzen"). Nach mehrjährigem Krankenlager starb Mosen am 10. Oktober 1867 in Oldenburg. Um die Popularisierung von Werk und Dichter bemüht sich seit 1998 vor allem die Vogtländische Literaturgesellschaft Julius Mosen.

Freunden des Skilanglaufs auf dem gut gespurten Loipennetz oft bis Ende März ein ungetrübtes Wintersportvergnügen. Zudem ist Schöneck Anfangs- oder Endpunkt der bis Johanngeorgenstadt reichenden Kammloipe. Sowohl der alpine als auch der nordische Wintersport haben in Schöneck eine bis zum Anfang des 20. Jahrhunderts zurückreichende Tradition. Mit der Eröffnung der Skiwelt Schöneck im Winter 2006/07 mit einem Vierer-Sessellift, mehreren Schleppliften und Pisten von leicht bis schwer wird der Ort seinem Ruf als das alpine Wintersportzentrum des Vogtlands wieder gerecht.

Wer sich von den Anstrengungen des Tages am Abend entspannen möchte, kann das im Erlebnisbad des **IFA**-**Ferienparks** tun. Das Hotel mit 1037 Betten in geschmackvoll eingerichteten Zimmern, Tennisplätzen, Sauna- und Badelandschaft ist eines der größten Häuser Sachsens. Unmittelbar neben der Anlage befindet sich nicht nur die **Skiwelt Schöneck,** sondern auch ein Kletterwald. Bis zu 15 Meter hohe Fichten sind mit Seilen verbunden, auf denen sich Mutige über Seilbrücken und Hin-

dernisse bewegen können. Neben dem Aussichtsfelsen Alter Söll empfiehlt sich ein Besuch im Zigarren- und Heimatmuseum Schöneck. Jeden Donnerstag gibt es Schauvorführungen im Klöppeln, an ausgewählten Tagen zur Zigarrenherstellung.

Weitab der großen Verkehrswege lädt die Galerie Landart in **Eschenbach** bei Schöneck zu einem Besuch ein. Im Ort hat der in Chemnitz geborene Künstler Volkmar Förster 1994 die Akademie Landart aufgebaut. Fünf Jahre später eröffnete er die Galerie.

Tourismusbüro Schöneck
✉ Bauhofstr. 1
    08261 Schöneck
✆ 03 74 64/33 00 11
Schneetelefon 03 74 64/8 20 00
www.schoeneck.eu

Blick auf Schöneck.

Zigarren- und Heimatmuseum Schöneck

✉ Bauhofstr. 1

08261 Schöneck

☎ 01 73/3 93 26 18 u. 01 62/4 25 31 42

Öffnungszeiten:

Mi. u. Do. 14 – 17 Uhr

im Winter auch sonntags geöffnet

IFA Ferienpark Schöneck

Drei-Sterne-Hotel

✉ Hohe Reuth 5

08261 Schöneck

☎ 03 74 64/30

www.ifa-ferienpark-vogtland.de

Galerie und Künstlerhaus Landart

✉ Schönecker Str. 4

08261 Eschenbach

☎ 03 74 64/81 77

www.galerie-landart.de

Ferienhotel „Haus Ahorn"

Das Haus verspricht gepflegte Gast-
lichkeit in einer idyllischen Lage.

✉ Hämmerling 12

08261 Schöneck / OT Kottenheide

☎ 03 74 64/33 30

www.hotel-haus-am-ahorn.de

Waldgebiet

Zum Waldgebiet gehören die Gemeinden Tannenbergsthal, Hammerbrücke und Morgenröthe-
Rautenkranz. Das größte zusam-
menhängende Waldgebiet des
Vogtlandes verspricht für den Na-
turliebhaber Erholung pur auf
Wanderwegen und Loipen. Gilt

das Vogtland ohnehin schon als
Kühlschrank des Freistaats Sachsen, legt Morgenröthe-Rautenkranz noch eins drauf: Durch Rekord-Minustemperaturen, die bis
an die minus 30 Grad Celsius heranreichen, wurde der Ort deutschlandweit bekannt. Nachtfrost ist
dort auch in klaren Sommernäch-
ten keine Seltenheit.
Wurde in dem Landstrich etwa ab
dem 16. Jahrhundert nach Erzen
gegraben und Holz verkohlt, kam
Anfang des 20. Jahrhunderts die
Textilindustrie dazu. Heute domi-
nieren Kleingewerbe und vor allem der Fremdenverkehr. Auf tou-
ristischem Gebiet haben alle drei
Orte einiges zu bieten. Hammerbrücke macht einmal im Jahr mit
einem Schlittenhunderennen sowie mit dem Winterbergland-
lauf – einem 100-Kilometer-Ski-
langlauf – von sich reden. In Morgenröthe-Rautenkranz befindet
sich die seit Frühjahr 2007 in einem neuen Gebäude eröffnete
Deutsche Raumfahrtschau. Bereits in der DDR war der Aufbau
der Ausstellung dem berühmtesten Sohn des Ortes, des Kosmonauten Sigmund Jähn, gewidmet.
Seit dem Umzug ins neue Museumsgebäude können die zahlreichen Exponate zur unbemann-
ten und bemannten Raumfahrt
die ihrer Bedeutung entspre-
chende Wirkung entfalten. Die
Schau vereint zahlreiche von
amerikanischen Astronauten, von
sowjetischen und russischen Kos-

Sigmund Jähn

Der erste Deutsche im All war 1978 ein Vogtländer. Es handelt sich um den gelernten Buchdrucker Sigmund Jähn, geboren am 13. Februar 1937 als Sohn eines Arbeiters in Rautenkranz im ostvogtländischen Waldgebiet. Nach der Lehre ging er zum Militärdienst bei den Luftstreitkräften der DDR, avancierte an der Offiziersschule zum Leutnant und war Flugzeugführer in Dienststellen der UdSSR-Luftstreitkräfte in der DDR. Von 1966 bis 1970 studierte Jähn an der sowjetischen Militärakademie der Luftstreitkräfte. Danach war er sechs Jahre Inspekteur für Jagdfliegerausbildung und Flugsicherheit im Kommando der DDR-Luftstreitkräfte. Seit 1976 wurde er zusammen mit Eberhard Köllner im Sternenstädtchen bei Moskau für den Raumflug ausgebildet. Am 26. August 1978 flog er mit der sowjetischen Sojus 31 unter dem Kommando von Waleri Bykowski als erster Deutscher ins All. Nach sieben Tagen im All und vielen wissenschaftlichen Experimenten landete die Rückkehrkapsel am 3. September 1978 in der kasachischen Steppe. Jähn bekleidete danach als Oberst leitende Positionen im Zentrum für Kosmonautenausbildung des Stabs Luftstreitkräfte der DDR. In seinem Geburtsort wurde in Erinnerung an den vielfach (Held der Sowjetunion, Held der DDR) geehrten größten Sohn der Gemeinde 1979 eine Ausstellung über den

Raumflug eingerichtet. Die Schau wurde 1991/92 stark erweitert. 2007 bezog sie als „Deutsche Raumfahrtausstellung Morgenröthe-Rautenkranz" einen Neubau. Jähn, der 1986 zum Generalmajor aufstieg, wirkt seit 1989 als freischaffender Wissenschaftler, so als Berater der Deutschen Forschungsanstalt für Luft- und Raumfahrt in Köln-Porz sowie der russischen Weltraumbehörde bei der Vorbereitung von Raumflügen. Seit 1993 ist er auch für die Europäische Raumfahrtagentur ESA tätig. Jähn, der in Strausberg bei Berlin lebt, ist nicht nur zu den Raumfahrttagen in Morgenröthe-Rautenkranz ein regelmäßiger und gern gesehener Gast in seiner vogtländischen Heimat.

monauten sowie den internationalen Raumfahrtbehörden zur Verfügung gestellte Exponate. Einen besonderen Einblick in das Leben auf engstem Raum vermittelt das Trainingsmodul des Basisblocks der ehemaligen Raumstation Mir. In dem Modul haben viele europäische Raumfahrer die erste Stufe ihrer Ausbildung absolviert. Einmal im Jahr werden Raumfahrttage veranstaltet, an denen sich in Morgenröthe-Rautenkranz die Prominenz der Weltraumflieger trifft.

Im Tannenbergsthaler Ortsteil **Schneckenstein** befindet sich das Besucherbergwerk „Grube Tannenberg", in dem Besucher einen Einblick in den Bergbau vom Mittelalter bis ins 20. Jahrhundert erhalten. Höhepunkt der Führung in dem etwa 600 Meter langen Tannbergstollen ist das Besichtigen eines riesigen Hohlraumes. Daneben ist in Schneckenstein das **Vogtländisch-Böhmische Mineralienzentrum** zu finden. Dort können sich Besucher Mineralien aus der Region anschauen und zusehen, wie Edelsteine geschliffen werden. Nicht weit von dem Ort entfernt, befindet sich auch das Naturdenkmal Schneckenstein – Europas einziger Fundort von Topasen. Über 400 dieser in dem Felsen gefundenen weingelben Edelsteine zieren die englische Königskrone.

Deutsche Raumfahrtausstellung

✉ Bahnhofstr. 8
   08262 Morgenröthe-Rautenkranz
✆ 03 74 65/25 38
Öffnungszeiten:
täglich 10 – 17 Uhr
(letzter Einlass 16.30 Uhr)
www.deutsche-raumfahrtausstellung.de

Besucherbergwerk
„Grube Tannenberg"

✉ Zum Schneckenstein 42
   08262 Tannenbergsthal /
   OT Schneckenstein
✆ 03 74 65/4 19 93
www.schneckenstein.de

Vogtländisch-Böhmisches
Mineralienzentrum

✉ Zum Schneckenstein 44
   08262 Tannenbergsthal
✆ 03 74 65/4 18 25
Öffnungszeiten:
Di. – So. 10 bis 17 Uhr

Fremdenverkehrsverein
Morgenröthe-Rautenkranz

✉ Morgenröther Str. 11
   08262 Morgenröthe-Rautenkranz
✆ 03 74 65/30 46
www.morgenroethe-rautenkranz.de

Landhotel „Pyratal"

Ruhig gelegenes Landhotel in schöner Umgebung.
✉ Pyratalstr. 40
   08262 Morgenröthe-Rautenkranz
✆ 03 74 65/52 0
www.pyratal.de

Foto S. 103: Kurhaus in Franzensbad.

Ausflüge nach Thüringen, Bayern und Tschechien

Das Vogtland hört nicht an der Landesgrenze zu Thüringen, Bayern und Böhmen auf. Autobahntafeln weisen auf das Thüringische Vogtland hin und die Autobahn 72 biegt von der A 9 am Dreieck Bayerisches Vogtland ab. Deshalb gibt es an dieser Stelle ausgewählte Tipps zu Ausflügen in die Gegenden jenseits der sächsischen Landesgrenzen.

Thüringisches Vogtland

Greiz

Nur ein Katzensprung ist es von Elsterberg oder Netzschkau in die ostthüringische Park- und Schlossstadt Greiz. Wegen ihrer Lage im Tal der Weißen Elster, umgeben von bewaldeten Höhen wird die 26.000-Einwohner-Stadt auch als „Perle des Vogtlandes" bezeichnet. Urkundlich wurde die Siedlung 1209, das Obere Schloss und die Stadtkirche Sankt Marien 1225 erstmals erwähnt. Greiz war seit 1309 Residenzstadt der Vögte und Herren von Plauen zu Greiz, wobei das Greizer Gebiet durch häufige Erbteilungen zersplittert wurde. Die Reußen, seit 1673 Grafen und seit 1778 Reichsfürsten, saßen bis zur Auflösung der Fürstentümer 1918 in Greiz.

Die Kreisstadt Greiz verfügt über eine Reihe von Sehenswürdigkeiten. Zu jeder Jahreszeit empfehlenswert ist ein Spaziergang durch den **Greizer Park,** 1650 als kleiner barocker Lustgarten angelegt, nach 1800 nach englischem Vorbild umgewandelt. Heute bildet er mit einer Fläche von etwa 60 Hektar eine zentrumsnahe Oase für die Greizer und ihre Gäste. Im Park befindet sich das 1769 bis 1779 im Stil des Frühklassizismus erbaute Sommerpalais mit wertvollen Sammlungen, so der Bücher- und Kupferstichsammlung sowie dem Satiricum mit einer großen Zahl historischer und zeitgenössischer Karikaturen. Über der Stadt und dem Park erhebt sich auf einem 50 Meter hohen Bergkegel das **Obere Schloss.** Die Anlage wurde 2007 umfangreich saniert und für eine künftige Nutzung unter anderem als Museum und für Kulturveranstaltungen vorbereitet. Das Gegenstück dazu ist das 1564 erbaute **Untere Schloss** mit schöner Front zur Weißen Elster. Es beherbergt die Greiz-Information, das Museum, die Musikschule „Bernhard Stavenhagen", ein Café und eine Schauwerkstatt. Die benachbarte Stadtkirche Sankt Marien wurde nach dem Brand von 1802 neu gestaltet. Sehenswert in unmittelbarer Nähe der Kirche sind die Hauptwache und der achteckige Röhrenbrunnen. Mehrere Baustile nebeneinander lassen sich in der Greizer Innenstadt betrachten. Das 1840 bis 1842 in jetziger Form erbaute Rathaus mit viereckigem Turm ist neogotisch, daneben gibt es an der Markt- und Thomasstraße viele Jugendstil-

Das 1564 errichtete Untere Schloss von Greiz.

häuser mit dem Goldschmied-haus an der Ecke Burg-/Markt-straße. Die waldreiche Umge-bung lädt zu Ausflügen ein.

Tourist-Information Greiz

✉ Burgplatz 12, Unteres Schloss
   07973 Greiz
📞 0 36 61/68 98 15
   Postanschrift:
✉ Postfach 1261
   07961 Greiz
www.greiz.de

Weida

Zwischen Greiz und Gera liegt an der Mündung der Auma in die Weida die 8 200-Einwohnerstadt Weida, auch als „Wiege des Vogt-landes" bezeichnet. Der Name rührt von einer Urkunde aus dem Jahr 1122 mit dem Erscheinen ei-nes Erkenbert von Weida her. Weida ist mit der Bezeichnung „civitas" im Jahre 1209 die älteste Stadt des thüringischen Vogtlan-des. Die 1163 bis 1193 auf einem Bergsporn errichtete Burg war Stammsitz der Vögte. Die Anlage erhielt später den Namen Oster-burg. Weida gehörte bis 1815 zum Königreich Sachsen, gelangte da-nach ans Großherzogtum Sach-sen-Weimar und den nachfol-genden thüringischen Gebiets-körperschaften.

Die **Osterburg** diente im 16. Jahr-hundert als Gefängnis. Sie erhielt Ende des 18. Jahrhunderts ihre heutige Gestalt. Die Burg war 1813 bis 1815 Lazarett, ab 1818 Sitz des Amtsgerichts. Der 54 Me-ter hohe Bergfried ist der höchste und einer der ältesten erhaltenen

Schloss Burgk bei Schleiz.

Deutschlands. Die Türmerstube war bis 1917 bewohnt. Auf der Terrasse der Burg steht ein Gedenkstein, der an das südlichste Vordringen des Eispanzers in Deutschland während der Elstereiszeit erinnert. Eine technische Rarität in Weida ist das 1884 in Betrieb genommene Oschütztal-Viadukt, 28 Meter hoch, und eine Pendelpfeilerbrücke, über die bis 1983 Züge fuhren.

Beiname der Stadt ist „Kuchen-Weide", ein Hinweis auf die Bekanntheit des Weidaer Blechkuchens, für den der Kuchenmarkt im September und die Kuchenfrau als lokale Symbolfigur stehen.

Weida-Information

✉ Burgstr. 8
  07570 Weida
✆ 03 66 03/611 96
www.weida.de

Wünschendorf

Die nahe Gemeinde Wünschendorf beherbergt mit der um 1100 gegründeten **Kirche St. Veit** im Ortsteil Veitsberg eine der ältesten Kirchen des Vogtlandes. Neben der Veitskirche lohnt ein Besuch der hölzernen Brücke über die Weiße Elster. Nahe Wünschendorf stifteten die Vögte von Weida 1193 das Prämonstratenser-Chorherrenstift Mildenfurth als Hauskloster. Jutta, die Gemahlin Heinrichs IV., Vogt von Weida, stiftete 1238 das Domini-kanerinnen-Kloster im Ortsteil Cronschwitz als weiteres Haus-kloster für weibliche Familienan-gehörige, von dem jedoch im Ge-gensatz zu Mildenfurth nur das Konventgebäude und die Ruine der Kirche erhalten blieben. Die angebliche Gründung von Wün-schendorf im Jahre 974 ist nach-weislich eine spätere Zuschrei-bung aus dem 16. Jahrhundert.

Gemeindeverwaltung Wünschendorf

✉ Poststr. 8
   07570 Wünschendorf
✆ 03 66 03/8 70 73
www.wuenschendorf.de

Hohenleuben

Auf einer Anhöhe liegt zwischen Weida und Triebes die kleine Stadt Hohenleuben, 1267 erst-mals erwähnt. Sehenswert ist die aus dem 12. Jahrhundert stam-mende **Burgruine Reichenfels** mit einem dazugehörigen Mu-seum. Das Haus beherbergt eine umfangreiche naturkundliche und heimatgeschichtliche Samm-lung sowie eine wertvolle Biblio-thek. Reichenfels ist zugleich Sitz des 1825 gegründeten Vogtländi-schen Altertumsforschenden Ver-eins Hohenleuben (VAVH). Dabei handelt es sich um einen der älte-sten Geschichtsvereine Deutsch-lands, aus dem sich zahlreiche Ge-schichtsvereine des Vogtlandes gegründet haben.

Stadt Hohenleuben

✉ Markt 5 a
   07958 Hohenleuben
✆ 03 66 22/7 663 0
www.leubatal.de

Schleiz

In Schleiz, der Kreisstadt des thüringischen Saale-Orla-Kreises, befindet sich mit dem Schleizer Dreieck die älteste Naturrenn-strecke Deutschlands, auf der seit 1923 Motorrad- und Autorennen stattfinden.

In der Nähe der Stadt liegt **Schloss Burgk,** eine sehr gut er-haltene Anlage mit viel mittelal-terlicher Bausubstanz. Der Palas ist ebenso wie der Bergfried und die Zugbrücke komplett erhalten. Sehenswert sind die Schloss-küche und die Kapelle, der Hun-gerturm mit Fachwerkhaube und ein im französischen Stil angeleg-ter Park mit dem so genannten Sophienhaus im spätbarocken-klassizistischen Stil.

Die **Stauseen Bleiloch** und **Hohenwarthe** mit ihren Frei-zeitmöglichkeiten ebenso wie die Kleinstadt **Ziegenrück** mit ihrem Wasserkraftmuseum sind beliebte und lohnende Ausflugs-ziele im thüringischen Vogtland.

Stadtmarketing Schleiz

✉ Bahnhofstr. 1
   07907 Schleiz
✆ 0 36 63/48 04-1 40
www.schleiz.de

Bayerisches Vogtland

Hof

Die Stadt Hof (50.000 Einwohner), an der sächsischen Saale zwischen Fichtelgebirge und Frankenwald gelegen, reizt vor allem mit dem **Bürgerpark** Theresienstein mit **Botanischem und Zoologischem Garten,** einem Jugendstilrestaurant sowie Ruine und Turm am Labyrinthberg. Südlich der Stadt befindet sich das Naherholungsgebiet Untreusee. Kulturelle Veranstaltungen finden im Theater und in der Freiheitshalle statt. Verschiedene **Museen,** so das Museum Bayerisches Vogtland, ein Brauereimuseum sowie das Teddy-Museum laden ebenso wie der Hofer Fernwehpark zu einem Besuch ein. Im nahen Joditz erinnert ein kleines Privatmuseum an den Dichter Jean Paul, der in dem oberfränkischen Dorf aufgewachsen ist.

Lohnende Ziele für Tagesausflüge sind der Frankenwald mit der Kurstadt Bad Steben und dem wildromantischen Höllental sowie das Fichtelgebirge mit zahlreichen besuchenswerten Gipfeln (Ochsenkopf 1024 Meter) und vielfältigen Wandermöglichkeiten.

**Tourist-Information
am Rathaus**
✉ Ludwigstr. 24
    95028 Hof
✆ 0 92 81/81 56 66
www.hof.de

Selb

Der große Stadtbrand vom 18. März 1856 sorgte dafür, dass sich in der Ende des 13. Jahrhundert erstmals erwähnten Stadt ein bereits im Ort ansässiges Gewerbe ausbreiten konnte: 1857 gründete Lorenz Hutschenreuther die erste Porzellanfabrik und sorgte so für den Übergang von der Weberei zur Porzellanherstellung. Seitdem hatten und haben in der Stadt die Marktführer der europäischen Porzellan-Industrie ihren Firmensitz. Heute leben in Selb etwa 17.000 Menschen. Einen Einblick in die Arbeit der Porzelliner gibt das **Deutsche Porzellanmuseum.** Die 1978 gegründete Einrichtung gliedert sich in zwei Teile: das Porzellanmuseum in Hohenberg (Kunst und Design der Porzellanproduktion) und das Europäische Industriemuseum (Technik der Porzellanherstellung) in Selb.

Exponat im Porzellanmuseum.

Franzensbad setzt mit sauber sanierten Gebäuden auf den Kurtourismus.

Tourist-Information im Rathaus
Amt für Wirtschaftsförderung
und Fremdenverkehr
✉ Ludwigstr. 6
   95100 Selb
✆ 0 92 87/88 31 78
www.selb.de

Böhmisches Vogtland

Eger

Markantestes Baudenkmal der **nahen** Stadt Eger (Cheb) ist der Stöckl (Spalicek), ein aus dem 13. Jahrhundert stammender Komplex von elf Häusern. Im benachbarten Pachelbelbau wurde 1634 Feldmarschall Wallenstein ermordet. Heute ist in diesem Gebäude das **Stadtmuseum** unter-

gebracht. Von der **Kaiserburg** der 33.000-Einwohner-Stadt sind neben dem Schwarzen Turm und einem Teil des Walles die romanische Doppelkapelle aus den Jahren 1179 bis 1188 erhalten. Die ehemalige **Kirche St. Klara** aus dem frühen 18. Jahrhundert, die **Nikolauskirche,** ursprünglich aus dem 13. Jahrhundert sowie die **Franziskanerkirche** sind wichtige sakrale Bauten in Eger.
Auf halbem Wege zwischen Eger und Marienbad liegt am Westabhang des kleinen, knapp 1000 Meter Höhe erreichenden Gebirges Kaiserwald (Slavkovsky les) die kleine Stadt **Bad Königswart** (Lázně Kynžvart) mit dem in den zurückliegenden Jahren top-sa-

Die Häuser von Karlsbad erstrahlen in neuem Glanz.

nierten Schloss der Fürsten Metternich, erbaut 1623 im Stil der Renaissance. Ein kleiner Kurbereich ist ebenso vorhanden.

Turistické Infocentrum

✉ Náměsti Krále Jiřího 33
   35020 Cheb
✆ 0 04 20/1 66 42 27 05
www.mestocheb.cz

Franzensbad

Vor den Toren der Stadt Eger liegt der Kurort Franzensbad (Františkovy Lázně), einer der drei Eckpunkte des westböhmischen Bäderdreiecks.

Gegründet 1793 als Kaiser Franzensdorf, besitzt der Ort seit 1807 seinen heutigen Namen und seit 1865 Stadtrecht. Von 24 bekann-

ten Quellen werden heute noch zwölf genutzt.

Das Stadtbild wird bestimmt von in den vergangenen Jahren umfangreich sanierter Bäderarchitektur, die besonders internationale Touristen immer stärker anlockt. Die Kureinrichtungen wurden ab 1989 als Bad Franzensbad AG privatisiert. Ausflugsziele von Franzensbad aus sind das Naturschutzgebiet Soos, ein Torf- und Mineralwiesenmoor sowie der junge Vulkan Komorni hurka (Kammerbühl).

FL Tours

✉ America 2
   35101 Františkovy Lázně
✆ 0 04 20/3 54 54 31 62
www.frantiskolazensko.cz

Karlsbad

Größtes und bedeutendstes der drei westböhmischen Bäder ist Karlsbad (Karlovy Vary) mit zwölf warmen Quellen, die vor allem Linderung bei Magen- und Darmleiden verschaffen sollen. Umfangeiche Kolonnadenbauten, eine reizvolle Umgebung sowie Spezialitäten wie Oblaten und Becherbitter (Becherovka) sind Markenzeichen der 50.000-Einwohner-Stadt an der Mündung der Tepla in die Eger. Karlsbad, jedes Jahr Anfang Juli Austragungsort eines internationalen Filmfestes, hat in den vergangenen Jahren Teile seines alten Glanzes zurück gewonnen. Das Aufblühen ist wesentlich dem Engagement finanzkräftiger Investoren aus Russland geschuldet. Dass in dem Ort russisch gesprochen wird, ist aber nichts Neues – bereits Ende des 19. Jahrhunderts war Karlsbad beim russischen Adel sehr beliebt.

Infocentrum Mésta Karlovy Vary

✉ Lázenská 1

   36001 Karlovy Vary

✆ 0 04 20/3 53 22 40 97

www.karlsbad.cz

Marienbad

Mit sehenswerten Bauten und Kuranlagen wartet Marienbad (Mariánské Lázně) auf. Kurbetrieb gibt es in der 14.000-Einwohner-Stadt seit 200 Jahren. Er basiert auf 40 Heilquellen in der Stadt und weiteren 100 in der Umgebung. Die Architektur des Kurzentrums erinnert an die mondä-

Die Kolonnade von Marienbad mit der singenden Fontäne.

nen Zeiten des Ortes, die Umgebung sowie der große Kurpark sind Stätten zum Wandern und Verweilen. Edward der VII., König von England, war nach seinem Besuch von 1907 von dem Ort derart fasziniert, dass er sich zu folgendem Zitat hinreißen ließ: „Ich habe ganz Indien, Ceylon, alle Kurorte in Europa durchreist, aber nirgendwo wurde ich von der Poesie der anmutigen Natur so in Bann gezogen wie hier in Marienbad." In die Weltliteratur fand der Name des Ortes Eingang durch die unglückliche Liebe des 74-jährigen Goethe in die 19-jährige Ulrike von Levetzow in der „Marienbader Elegie".

Léčebné Lázně

✉ Masarykova 22
    35329 Mariánské Lázně
☎ 0 04 20/1 65 62 24 74
www.marienbad.cz

Foto S. 113:
Hochbetrieb am kleinen Skilift in Schöneck.

Vogtland aktiv erleben

Die Mittelgebirgslage lieferte die natürlichen Voraussetzungen dafür, dass sich das Vogtland zu einer Region entwickelt hat, in der das ganze Jahr über eine aktive Erholung möglich ist. Die Angebote erschöpfen sich aber nicht im Wandern, Radfahren und Skilanglauf. Zum Angebot gehören neben Golfanlagen zertifizierte Reiterhöfe genauso wie Spaß- und Erlebnisbäder sowie zwei Kletterwälder. An dieser Stelle soll eine Auswahl der Möglichkeiten vorgestellt werden. Bei mehrtägigen Touren gibt der Tourismusverband Vogtland gern Hilfe bei der Suche nach Quartieren.

Wintersport

Freunde des Wintersports finden vor allem im Musikwinkel und Waldgebiet ein hervorragend ausgebautes Loipennetz, das bei entsprechender Schneelage sehr gut gespurt ist. Die Auswahl ist oft so groß, dass man bei mehrtägigen Aufenthalten an einem Ort täglich eine neue Loipe erkunden kann. Sogar nachts ist in Grünbach an einzelnen Tagen der Woche Langlauf möglich.

Drei Tage auf der Kammloipe

Je nach Zeit und Ausdauer sind Skiwanderungen auf Kammloipe, Skimagistrale und Osterzgebirgsloipe von Schöneck bis ins 175 Kilometer entfernte Altenberg möglich.

Vor allem die Abschnitte von Schöneck bis ins tschechische Boží Dar zählen mit einer Höhenlage von meist deutlich über 800 Metern zu den schneesichersten Loipen Deutschlands.

Die schneesicheren Loipen laden zum Wintersport ein.

Der erste Abschnitt der Dreitagestour von Schöneck nach Mühlleithen ist 16 Kilometer lang. Im als „Balkon des Vogtlands" bezeichneten Ort gibt es genügend Parkplätze unweit der Kammloipe. Der Start erfolgt bei etwa 770 Höhenmetern. Die vor allem im zweiten Abschnitt etwas hügeliger werdende, aber immer noch als familienfreundlich geltende Loipe erreicht ihren höchsten Punkt mit knapp über 900 Metern Höhe kurz vor dem Ziel in Mühlleithen.

Im zweiten Abschnitt wechseln die Skiwanderer vom Vogtland ins Erzgebirge. Auf der 20 Kilometer langen Etappe bis Johanngeorgenstadt wird Wintersportlern mehr Kondition als am Vortag abverlangt. Es wechseln sich relativ starke Anstiege und Abfahrten ab. Auf dem vor allem an sonnigen Wintertagen stark begangenen Strecken sollten Wintersportler an den Abfahrten Rücksicht auf Langsamere nehmen. Etwa zwölf Kilometer nach Mühlleithen ist bei Weiterglashütte eine erste Einkehr möglich. Danach geht es weiter bis zur Wegspinne „Dreckpfütz", von wo aus die Loipe in Richtung Johanngeorgenstadt abfällt.

Auf der dritten, 28 Kilometer langen, Etappe erreichen die Wintersportler die Orte Oberwiesenthal oder das tschechische Boží Dar/Gottesgab und überschreiten kurz vor dem Tagesziel die 1000-Meter-Höhenmarke. Gekennzeichnet ist der Weg, der nun unter der Bezeichnung Skimagistrale Erzgebirge/Krusne hory läuft und teilweise über tschechisches Territorium führt, durch unbewaldete Freiflächen, die reizvolle Blicke ins Erzgebirge ermöglichen. Vor allem in der zweiten Hälfte gibt es Einkehrmöglichkeiten.

In fünf weiteren, zwischen 15 und 30 Kilometer langen Etappen können Skiwanderer bis nach Altenberg fahren.

Arbeitsgemeinschaft Kammloipe Erzgebirge/Vogtland
✉ Rathausplatz 1
   08318 Eibenstock
✆ 03 77 52/5 71 12
www.kammloipe.de

In den Höhenlagen des oberen Vogtlands finden auch die Freunde des alpinen Skifahrens Möglichkeiten, Sport zu treiben. Während die Region um Klingenthal als das nordische Wintersportzentrum gilt, ist **Schöneck** das für alpine Skifahrer.

Die neue Skiwelt lässt mit einem Vierersessellift und mehreren Schleppliften keine Wünsche offen. Die längste Abfahrt ist knapp 800 Meter, die schwierigste 500 Meter lang. Alle Pisten können künstlich beschneit werden. Zum Teil sind sie in der Nacht beleuchtet.

Schneetelefon 03 74 64/8 20 00; www.schoeneck.eu

Als anspruchsvolle Piste gilt auch die knapp 600 Meter lange Abfahrt in Klingenthal (Sternlift). In der Stadt und ihrer Umgebung gibt es weitere vier zwischen 200 und 400 Meter lange Lifte und Pisten: Mühlleithen, Zwota Jägerstraße, Zwota-Zechenbach und in Schneckenstein.
Schneetelefon 03 74 67/2 24 94
www.klingenthal.de

Der ursprünglich 400 Meter lange Schlepplift am 703 Meter hohen Kegelberg bei **Erlbach** wurde 2007 bis zum Gipfel des Berges auf 700 Meter verlängert. Gleichzeitig erhielt der Hang eine Beschneiungsanlage. Außerdem gibt es einen Kinderlift.
Schneetelefon 03 74 22/63 35
www.kegelberg.de

Das alpine Angebot rundet ein Lift in **Grünbach** ab.
Schneetelefon 0 37 45/53 03
www.gruenbach.de

Ergänzt wird das Wintersportangebot durch die Kunsteisbahn in **Klingenthal.** Die Anlage wird vom EHV Klingenthal betrieben.
www.ehv-klingenthal.de

Wandern
Wie geschaffen ist das Vogtland für das Wandern. So gibt es auch eine fast nicht zu überblickende Zahl von Wegen, die zu Touren unterschiedlicher Länge und in verschiedenen Schwierigkeits-

graden einladen. Jede Strecke hat ihre Besonderheiten, die nicht zuletzt oft in der landschaftlichen Schönheit begründet liegen. Einen Überblick über organisierte Wanderungen gibt es unter:
www.vogtlandwandern.de

Wandern auf dem Vogtland Panorama Weg
Eine Besonderheit stellt der 220 Kilometer lange Vogtland Panorama Weg dar, der an fast allen bedeutenden Plätzen der Region vorbeiführt. Der Kurs wurde nicht neu angelegt, sondern verknüpft vorhandene Wege zu einem Rundkurs. Der Weg trägt seit 2006 das höchste zu vergebende Qualitätssiegel des Deutschen Wanderverbandes mit dem Titel „Wanderbares Deutschland". Der Titel besagt unter anderem, dass

Die Wege im Vogtland sind gut ausgeschildert.

Die Etappen des Vogtland Panorama Wegs:

Göltzschtalbrücke – Greiz – Jocketa

Jocketa – Plauen oder Syrau – Zwoschwitz

Zwoschwitz – Weischlitz – Oelsnitz

Oelsnitz – Bad Elster

Bad Elster – Bad Brambach

Bad Brambach – Kapellenberg – Bad Brambach

Bad Brambach – Markneukirchen – Beitenfeld

Breitenfeld – Erlbach/Landesgemeinde

Erlbach/Landesgemeinde – Klingenthal/Aschberg

Klingenthal/Aschberg – Morgenröthe-Rautenkranz – Vogelsgrün

Vogelsgrün – Lengenfeld

Lengenfeld – Göltzschtalbrücke

der Anteil von mit Asphalt und Beton versiegelten Wegen an der Gesamtstrecke nur sehr kurz sein darf. Auf zwölf zwischen zwölf und 24 Kilometer langen Etappen können Wanderfreunde die Region erkunden. Offizieller Start und Ziel ist die Göltzschtalbrücke. Natürlich kann auch an jedem anderen Punkt eingestiegen werden. www.vogtlandpanoramaweg.de

Radfahren

Auch wenn das Netz an Radwegen nicht so eng gestrickt ist wie das der Wanderwege: Für Touren – vor allem für Mountainbike-Fans – bieten sich mehrere Strecken an. Dazu gehört beispielsweise der 115 Kilometer lange Musikantenradweg. Er verbindet die traditionsreiche Instrumentenbauregion um Klingenthal und Markneukirchen mit den Kurbädern Bad Elster und Bad Brambach. Den in beiden Richtungen befahrbaren Rundkurs kennzeichnet das goldfarbene Logo eines stilisierten Gitarrensteges. Für die leicht bis mittelschwer eingestufte Strecke werden drei bis fünf Tage vorgeschlagen.

Im Aufbau befinden sich die Radwege an den längsten Wasserläufen des Vogtlands – an der Göltzsch und der Weißen Elster.

Schwimmen

Wer sich zur Entspannung nach einer anstrengenden Wanderung oder Skitour ein Bad gönnen möchte, findet dazu im Sommer in zahlreichen Freibädern der Region Gelegenheit.

In der kalten Jahreszeit ist das Schwimmen in mehreren Hallenbädern möglich. Allen voran das Plauener Bad, das im August 2007 wiedereröffnet wurde. Die Anlage besitzt ein Sportbecken mit 50-Meter-Bahnen, das einzige in dieser Länge im Vogtland.

Plauener Stadtbad
☎ 0 37 41/2 81 58 70
Öffnungszeiten:
Mo., Mi., Fr. u. Sa. 7.30 – 22 Uhr
Di. u. Do. 6.30 – 22 Uhr
So. 8 – 20 Uhr

Erlebnisbad mit Saunalandschaft
im IFA-Ferienpark Schöneck
☎ 03 74 64/30
Öffnungszeiten Bad:
Mo. – Do. 13 – 21.30 Uhr
Fr. 13 – 22 Uhr, Sa. 10 bis 22 Uhr
So. 10 – 21.30 Uhr
Saunalandschaft:
Mo., Di., Do. u. So. 13 – 21.30 Uhr
Mi. 13 – 16 Uhr, danach bis 21.30 Uhr
Damensauna, Fr. u. Sa. 13 – 22 Uhr

Bade- und Saunalandschaft
Elsterado Bad Elster
☎ Badkasse 03 74 37/7 12 57
Öffnungszeiten:
Bad- und Saunalandschaft
täglich 9 – 22 Uhr
(Mo. ab 18 Uhr Damensauna)
www.saechsische-staatsbaeder.de

Bade- und Saunalandschaft
Aquadom Bad Brambach
☎ Badkasse 03 74 38/8 82 67
Öffnungszeiten:
Badelandschaft täglich 9 – 22 Uhr
Sauna: Mo. – Do. 13 – 22 Uhr
Fr. – So. 9 – 22 Uhr
www.saechsische-staatsbaeder.de

Freizeitvergnügen im Kletterwald.

Kletterwälder
Eine ganz andere Art der Betätigung ermöglichen die Kletterwälder an der Talsperre Pöhl und dem IFA-Ferienpark in Schöneck. Jeweils auf mehreren Parcours verschiedener Schwierigkeitsgrade können sich dort Anfänger und Könner auf verschiedenen Elementen in Höhen bis zu 15 Metern von Baum zu Baum bewegen. Die Kletterer sind bei ihren Runden an zwei Seilen gesichert.

Büroanschrift beider Anlagen:
Inhaber Jörg Böhm
✉ Plauener Str. 10
  08527 Schneckengrün
☎ 01 73/6 85 51 71
www.kletterwald.de

Kletterwald Schöneck
neben dem IFA-Ferienpark
☎ 01 62/7 44 86 55

Kletterwald Pöhl
direkt an der Anlegestelle
für Fahrgastschiffe
☎ 01 73/6 85 51 71

Öffnungszeiten beider Anlagen:
Während der Hauptsaison von Ende Mai bis Anfang September täglich 9.30 – 19.30 Uhr.
In der Nebensaison in Pöhl von Anfang April bis Ende Mai (in Schöneck von Anfang Mai bis Ende Mai) sowie von Anfang September bis Anfang November ist dienstags, freitags bis sonntags und an Feiertagen 10 – 19 Uhr sowie an den anderen Tagen für Gruppen nach Vereinbarung geöffnet. Gruppen ab zehn Personen werden generell um Anmeldung gebeten. Die letzten Eintrittskarten werden in Pöhl zwei Stunden und in Schöneck eine Stunde vor der Schließung verkauft.

Golfen

Zwei Angebote werden den Freunden des Golfsports im Vogtland unterbreitet: An der Talsperre Pöhl in Möschwitz und am Rande von Plauen im Ortsteil Steinsdorf gibt es jeweils eine 9-Loch-Anlage. Das besondere dieser beiden Reviere ist die unvergleichliche Lage am Stausee und in der reizvollen vogtländischen Kuppenlandschaft. Beide Plätze genügen den Ansprüchen vom Anfänger bis zum Könner. Es sind Schnupperkurse möglich.

Golfclub Steinsdorf
Postanschrift
✉ Julius-Fucik-Str. 16
 08523 Plauen
☎ 0 37 41/20 15 33
Platzadresse
✉ Am Gut 1 A
 08547 Plauen / OT Steinsdorf
www.golfclub-plauen.de

Golfanlage Talsperre Pöhl
Ansprechpartner: Katrin Fluck
✉ Voigtsgrüner Str. 20
 08543 Pöhl / OT Möschwitz
☎ 03 74 39/4 45 35
www.golfanlage-talsperre-poehl.de

Am Golfplatz Möschwitz.

Skatepark

Ein deutschlandweit in dieser Form einmaliger Skatepark wurde in Plauen im August 2007 eröffnet. Skateboarder und Freunde der BMX-Szene können sich in einer Skateplaza ausprobieren, die den Gegebenheiten eines zentralen Platzes einer Stadt nachempfunden worden sind. Betrieben wird der Park am Neustadtplatz vom Verein „2plus4macht1", der auch für zwei Skatehallen verantwortlich ist.

www.area241.com

Segeln

Wunderbar segeln können sowohl Freizeitsportler als auch ambitionierte Segler auf der Talsperre Pöhl. In der von 1. Mai bis 30. September dauernden Saison finden zahlreiche Regatten statt. Am Stausee gibt es zwei Schulen für Surf- und Segelanfänger.

Zweckverband Talsperre Pöhl

✉ Hauptstr. 51

08543 Pöhl / OT Möschwitz

✆ 03 74 39/45 00 und 67 78

www.poehl.de

Sport Max – der Laden

✉ 08529 Plauen

✆ 0 37 41/44 19 26 u. 01 72/3 72 65 53

www.sport-max.de

Detlef Betz

Schlosshalbinsel, Talsperre Pöhl

✉ Stresemannstr. 15

08523 Plauen

www.papabetz.de

Wassersport ist auch auf der Talsperre Pirk vom 1. Mai bis 30. September möglich.

Naherholung Talsperre Pirk GmbH

✉ Am Strand

08606 Oelsnitz / OT Taltitz

✆ 03 74 21/2 35 47

www.tsvoe-segeln.de

Reiten

Wer die vogtländische Landschaft erleben möchte, kann das auch vom Rücken der Pferde aus tun. Acht Anbieter haben 2005 das Gütesiegel „Sachsen mit Pferd" erhalten, das im Freistaat nach einheitlichen Richtlinien vergeben wurde.

www.sachsen-mit-pferd.de

Foto S. 121:

Weinstand auf dem Europäischen Bauernmarkt in Plauen, der alljährlich in der letzten Aprilwoche stattfindet.

Veranstaltungskalender

Im Verlauf der vergangenen Jahre haben sich im Vogtland eine große Zahl interessante und zum Teil deutschlandweit einmalige Veranstaltungen entwickelt: Die Menschen der Region verstehen es nicht nur zu feiern, sie organisieren interessante Sportfeste, Tagungen und Wettbewerbe, von denen eine Auswahl vorgestellt wird.

Kammlauf

Dick anstreichen sollten sich Langlauffreunde das letzte Wochenende im Februar. Dann findet im Klingenthaler Ortsteil Mühlleithen der traditionelle Kammlauf statt. Seit der ersten Auflage 1972 hat sich der Lauf zu einem der größten Volksskiläufe Deutschlands entwickelt, der in die Skilanglaufserie des Deutschen Skiverbandes Aufnahme gefunden hat.

www.kammlauf.de

Internationaler Instrumentalwettbewerb Markneukirchen

Bei dem jährlich im Mai stattfindenden einwöchigen Ausscheid messen Dutzende junge Musiker aus aller Welt in der klassischen Musik ihr Können. Die Instrumente wechseln jährlich. Beim 43. Wettbewerb 2008 sind Tuba und Horn an der Reihe. Interessant ist das umfangreiche Konzertprogramm im Umfeld des Wettbewerbs.

www.markneukirchen.de

Internationaler Akkordeonwettbewerb Klingenthal

Talentierte, junge Akkordeonspieler aus aller Welt treffen sich jedes Jahr im Mai in Klingenthal zum Leistungsvergleich – 2008 zum 45. Mal. In der Wettbewerbswoche finden attraktive Konzerte statt.

www.accordion-competition.de

Ifa-Fahrzeugfestival

Seit dem Jahr 2000 treffen sich jährlich an einem Wochenende im Mai im Auerbacher Ortsteil Rebesgrün hunderte Besitzer von Oldtimern aus Osteuropa. Neben Trabant, Wartburg, Lada, Wolga und Skoda sind MZ-Motorräder sowie in der DDR produzierte Laster und Busse zu sehen. Zum Programm gehören neben der Vogtland-Rundfahrt auch Fachvorträge und ein Teilemarkt.

www.vogtland-ifa.de

Plauener Spitzenfest

Die Bedeutung der Stickerei für Plauen wird durch das jeweils am dritten Juniwochenende stattfindende Spitzenfest unterstrichen. Das größte Stadtfest Plauens wird seit 1955 gefeiert. Neben zahlreichen Verkaufsständen für Plauener Spitze verwandelt sich die Stadt an dem Wochenende in eine Festmeile. Attraktive Konzerte und die alle drei Jahre stattfindende Wahl der Spitzenkönigin runden das Programm ab.

www.plauener-spitzenfest.de

Oldtimer sind beim IFA-Fahrzeugfestival in Rebesgrün zu sehen.

Schauflößen

Jeweils am Himmelfahrtstag und am Samstag danach organisiert der Vogtländische Flößerverein Muldenberg, der einzige Verein dieser Art in Sachsen, in Muldenberg Veranstaltungen im Flößen von Scheitholz. Neben dem Flößen steigt ein Volksfest.
www.floesserstube.de

Raumfahrttage

Wer Weltraumfliegern verschiedener Nationen die Hand schütteln möchte, kann das in jedem Jahr im Juni in Morgenröthe-Rautenkranz tun. Dann organisiert der Verein Deutsche Raumfahrtausstellung die seit 1997 stattfindenden Raumfahrttage. Die Tagung lockt mit prominenten Gästen wie den beiden ersten deutschen Astronauten und Kosmonauten Sigmund Jähn und Ulf Merbold sowie interessanten Fachvorträgen Besucher aus ganz Europa ins Waldgebiet.
www.deutsche-raumfahrtausstellung.de

Brunnenfest Bad Elster

Das Brunnenfest im Staatsbad Bad Elster erlebt 2008 seine 15. Auflage. Das Festtreiben auf und um den Badeplatz findet meist am dritten Juniwochenende statt.
www.chursaechsische.de

Tag der Vogtländer

Der Tag der Vogtländer gilt als größtes Volksfest der Region. Traditionell finden an einem Wochenende in jedem Sommerhalbjahr ein großer Festumzug, gestaltet von vogtländischen Vereinen, und ein vogtländischer Nachmittag mit Auftritten namhafter Künstler der Region statt. Das Fest wird meist im Sommer in Verbindung mit einem Stadt- oder Ortsfest gefeiert. 2008 findet er in Plauen statt.

www.vogtlandkreis.de

Parkfest Lengenfeld

Seit 1909 feiert Lengenfeld alle zwei Jahre das Parkfest. Zu einer Tradition ist der Samstagnachmittag geworden, bei dem unter dem Motto „Für alt und jung – Parkfest hat Schwung" Vereine und Kindereinrichtungen der Stadt ein Programm gestalten. Außerdem steigt ein Volksfest mit vielen Schaustellern.

www.lengenfeld.de

Historisches Altmarktfest Auerbach

Mit einem Fassanstich eröffnet der Auerbacher Oberbürgermeister traditionell das Historische Altmarktfest, das immer am ersten Augustwochenende stattfindet. An dem Wochenende verwandelt sich der Platz in einen mittelalterlichen Markt.

www.stadt-auerbach.de

Weltcupveranstaltungen in nordischen Disziplinen

Mit dem Neubau der Schanze hat Klingenthal die Chance erhalten, an seine Tradition im Ausrichten von bedeutenden Sportveranstaltungen anzuknüpfen. Heute gehören dazu der Sommer Grand Prix in der Nordischen Kombi-

nation und im Skispringen im August und September. Mehrere Sommer- und Winterveranstaltungen sind fest im Wettkampfkalender des Internationalen Ski-Verbandes für 2008 und 2009 verankert.

www.vogtland-arena.de

Ruinenfest Elsterberg

Die Tradition des Festes reicht bis ins Jahr 1883 zurück. Damit gilt das Elsterberger Ruinenfest als eines der ältesten Feste der Region. Es findet alle vier Jahre am letzten vollständigen Augustwochenende statt. Zum Programm gehört seit 1899 ein Umzug, der immer unter einem bestimmten Thema steht. Die Ruinenfeste werden auf dem Gelände der alten Burg ausgetragen. Das nächste Ruinenfest steht 2010 auf dem Plan.

www.elsterberg.de

Folkherbst Plauen

Zu einer Institution in Sachen Folkmusik hat sich der seit 1992 ausgeschriebene Folkherbst entwickelt. Heute ist es so, dass sich in jedem Jahr mehr als 100 Bands und Solisten aus der ganzen Welt darum bewerben, bei einem der immer gut besuchten Wertungskonzerte auftreten zu dürfen. Die Konzertreihe startet Mitte September. Die besten Künstler erhalten den „Eisernen Eversteiner" – einen begehrten europäischen Folklorepreis.

www.malzhaus.de

Das Weihnachtsmännertreffen in Auerbach.

Reichenbacher Bürgerfest

Aus einer Initiative des Reichenbacher Gewerbevereins hervorgegangen, wird das Bürgerfest seit 1991 am Vorabend des Tages der Deutschen Einheit eröffnet und am Feiertag mit einem großen Straßenfest gefeiert. Einzige Ausnahme: 2007 fällt das Fest wegen dem Tag der Sachsen aus. 2008 wird zum 17. Mal gefeiert.
www.reichenbach-vogtland.de

Göltzschmarathon

Die Laufveranstaltung des VfB Lengenfeld ist der drittälteste Marathonlauf Deutschlands und findet in der Regel am ersten Samstag im Oktober statt. Die Strecke führt von Lengenfeld aus durchs landschaftlich reizvolle Göltzschtal nach Mylau und zurück. Der Veranstalter bietet seit kurzem einen Marathon-Paarlauf an, bei dem sich zwei Läufer in die klassische Distanz von 42,195 Kilometern „reinteilen".
www.goeltzschtallauf.de

Weihnachtsmännertreffen Auerbach

Traditionell am zweiten Advent sehen die Auerbacher rot: An diesem Sonntag drängen sich viele als Weihnachtsmänner verkleidete Frauen und Männer durch die Straßen der Stadt. Das Treffen ist ein Höhepunkt des Weihnachtsmarktes der Stadt.
www.stadt-auerbach.de

Orts- und Personenregister

Ebenfalls im Chemnitzer Verlag erschienen:

Stadtführer Annaberg-Buchholz
104 Seiten
ISBN 978-3-928678-98-8

Reiseführer Böhmen
148 Seiten
ISBN 978-3-937025-18-6

Stadtführer Chemnitz
96 Seiten
ISBN 978-3-928678-38-4

Reiseführer Erzgebirge
96 Seiten
ISBN 978-3-928678-96-4

Stadtführer Karlsbad
112 Seiten
ISBN 978-3-928678-85-8

Stadtführer Plauen
100 Seiten
ISBN 978-3-928678-72-8